Fundraising gegen Hungerkrisen

Sebastian Weißschnur

Fundraising gegen Hungerkrisen

Aufgaben und Wirksamkeit
von Non-Profit-Organisationen

Sebastian Weißschnur
Köln, Deutschland

ISBN 978-3-531-19830-9   ISBN 978-3-531-19831-6 (eBook)
DOI 10.1007/978-3-531-19831-6

Die Deutsche Nationalbibliothek verzeichnet diese Publikation in der Deutschen Nationalbibliografie; detaillierte bibliografische Daten sind im Internet über http://dnb.d-nb.de abrufbar.

Springer VS
© Springer Fachmedien Wiesbaden 2013
Das Werk einschließlich aller seiner Teile ist urheberrechtlich geschützt. Jede Verwertung, die nicht ausdrücklich vom Urheberrechtsgesetz zugelassen ist, bedarf der vorherigen Zustimmung des Verlags. Das gilt insbesondere für Vervielfältigungen, Bearbeitungen, Übersetzungen, Mikroverfilmungen und die Einspeicherung und Verarbeitung in elektronischen Systemen.

Die Wiedergabe von Gebrauchsnamen, Handelsnamen, Warenbezeichnungen usw. in diesem Werk berechtigt auch ohne besondere Kennzeichnung nicht zu der Annahme, dass solche Namen im Sinne der Warenzeichen- und Markenschutz-Gesetzgebung als frei zu betrachten wären und daher von jedermann benutzt werden dürften.

Gedruckt auf säurefreiem und chlorfrei gebleichtem Papier

Springer VS ist eine Marke von Springer DE. Springer DE ist Teil der Fachverlagsgruppe Springer Science+Business Media.
www.springer-vs.de

Vorwort

„Die Welt wird nicht bedroht von den Menschen, die böse sind, sondern von denen, die das Böse zulassen."
(Albert Einstein)

„Ein Ende der hohen und stark schwankenden Nahrungsmittelpreise ist nicht in Sicht [!] und es sind die Armen, die davon am schwersten betroffen sind" [94]. Insgesamt leiden etwa 925 Millionen Menschen weltweit unter Hunger [14]. „Agrarmärkte und Nahrungsmittelpreise sind heutzutage weniger stabil und berechenbar als je zuvor" [28]. Die Welt erlebt derzeit sich gegenseitig übertreffende Preisspitzen und drastische Preisschwankungen, ohne dass sich eine Aussicht auf Beruhigung abzeichnen würde. Diese dramatische Entwicklung wird voraussichtlich ernste Folgen für Hunderte Millionen Menschen haben [28]. In Deutschland rief diese Entwicklung u. a. Bundesentwicklungsminister Niebel auf den Plan, der zur Bekämpfung der Hungerkrise im Herbst 2011 eine Task Force einrichtete [14]. Zudem werben verschiedene Hilfsorganisationen wie beispielsweise UNICEF und der Misereor e. V. um Spenden für hungernde Kinder in Ostafrika [102][74].

Niebel zufolge reiche Nothilfe alleine allerdings nicht aus; es komme entscheidend auf die Steigerung der Selbstversorgungskräfte in den betroffenen Regionen an [14]. Mit diesem Ansatz sammelt beispielsweise die Deutsche Welthungerhilfe Spenden für Peru, und hilft einheimischen Bauern zur Selbsthilfe [29]. „Die Ökobauern ... verkaufen ihr Obst heute endlich zu fairen Preisen. Erstmals verdienen sie genug, um ihre Familien zu ernähren und ihre Kinder zur Schule schicken zu können" [29].

Um Opfer der globalen Hungerkrise möglichst schnell mit möglichst ausreichenden Mitteln zu unterstützen, ist jede Non-Profit-Organisation[1] um die per-

---

1 Gemeinnützige Organisation

manente Optimierung ihres Spendenmarketings bemüht. Durch Veränderungen des Informations-, Kommunikations- und Spenderverhaltens sind neue Ideen und Methoden gefragt, um Aufmerksamkeit zu erlangen und diese in Spenden umsetzen zu können [8].

Dieses Buch erläutert aus diesem Grund ausgewählte Formen des Fundraisings, und überprüft, inwiefern die oben genannten Hilfsorganisationen diese zur Spendenakquisition einsetzen.

Das Ziel dieses Werkes besteht darin,

1. Non-Profit-Organisationen im Allgemeinen sowie beispielhaft drei zuvor ausgewählte deutsche Vereine zu beleuchten,
2. die Situation steigender Preise für Agrarprodukte als situativen Kontext zu diskutieren und diesen als Anlass für eine Mittelbereitstellung der beschriebenen Hilfsorganisationen zu skizzieren,
3. moderne Formen des Fundraisings vorzustellen und ihre Effektivität in der praktischen Umsetzung zu hinterfragen.

Zunächst geht das Buch im ersten Kapitel auf theoretische Grundlagen des zugrunde liegenden Themas ein. In diesem Zusammenhang werden die Begriffe NGO und NPO, auch im Hinblick auf effizientes Handeln, näher untersucht und im Folgenden am Beispiel dreier deutscher Hilfsorganisationen weiter erläutert. Es folgen neben Erläuterungen zu den Begriffen Armut, Hunger und Unterernährung Ausführungen zu steigenden Agrarprodukt-Preisen, und es wird aus unterschiedlichen Perspektiven ein Bezug zur Hungersnot in der Welt diskutiert.

Das Kapitel wird schließlich mit einer theoretischen Betrachtung des Fundraising-Begriffes abgerundet.

Das Ziel von NPO, die Hilfsprojekte gegen Hungersnöte vorantreiben, ist die ausreichende Mittelbereitstellung in den jeweils betroffenen Regionen. Aus diesem Grund beschreibt das zweite Kapitel zunächst organisatorische Voraussetzungen für das Fundraising, und erläutert im Anschluss einen wichtigen Ausschnitt aus den zugrunde liegenden Management-Strategien: Die Zielperspektiven. Anschließend richtet sich der Fokus insbesondere auf die Förderer, da diese im weiteren Verlauf der Arbeit die Zielgruppe einer empirischen Erhebung sind.

Im nächsten Abschnitt werden ausgewählte Formen des Fundraisings beschrieben und auf die im zweiten Kapitel vorgestellten deutschen Organisationen transferiert.

Der letzte Abschnitt des zweiten Kapitels liefert die bereits erwähnte empirische Erhebung als Online-Befragung potenzieller Förderer.

Im Anschluss werden die wichtigsten Ergebnisse aus dieser Online-Befragung erneut aufgegriffen, und es wird versucht, die kontroverse Erörterung des The-

Vorwort

mas Nahrungsmittel-Spekulation aus Abschnitt 1.3 mit weiteren Gesichtspunkten der Zielgruppe der Förderer anzureichern. Zudem wird abgeglichen, inwiefern die vorgestellten NPO den Erwartungen der Förderer entsprechen. Das Werk schließt mit einer zusammenfassenden Betrachtung und einem Ausblick im dritten Kapitel.

Die Thematik wird absichtsvoll komprimiert behandelt; daher wird auf eine ausführliche Darstellung aller Details, einerseits im Hinblick auf eine vollumfängliche Wiedergabe der Tätigkeitsbereiche der NPO, andererseits bei der Herleitung grundlegender Fundraising-Strategien als Basis für ein effektives Spendenmarketing, verzichtet. Auch die Fundraising-Formen stellen lediglich eine kleine Auswahl aller aktuell angewandten Formen dar.

Vor dem Hintergrund ansteigender Hungeropfer-Zahlen durch steigende Agrarprodukt-Preise stellt sich die Frage, inwiefern die in dieser Arbeit zuvor ausgewählten Fundraising-Formen effektiv einsetzbar sind und eine ausreichende Mittelbereitstellung mit ihnen möglich erscheint.

Zudem ist zu klären, inwiefern die vorgestellten Hilfsorganisationen die thematisierten Fundraising-Formen nutzen und vonseiten der Förderer wahrgenommen werden.

Auch wird sich ein potenzieller Spender regelmäßig die Frage stellen, zu welchem Grad die jeweilige Non-Profit-Organisation seinen Vorstellungen hinsichtlich der Durchführung der Hilfsprojekte und der Verwendung der Spendengelder entspricht.

Für solche und weitere artverwandte Fragen versucht dieses Buch Antworten zu modellieren.

Ihnen, liebe Leser, wünsche ich nun eine unterhaltsame und anregende Lektüre!

Mit besten Wünschen, Ihr
Sebastian Weißschnur

Inhalt

Vorwort 7
Abbildungs-/Anlagenverzeichnis 13
Abkürzungsverzeichnis 17

1 Theoretische Grundlagen 19
1.1 Non-Governmental-Organisationen (NGO) 19
    1.1.1 Der Dritte Sektor 20
    1.1.2 Definitionen und Begriffe
        der Non-Profit-Organisationen (NPO) 22
    1.1.3 Vereine 25
    1.1.4 Effizienz von NGO 26
1.2 Ausgewählte NPO im Fokus 30
    1.2.1 Entstehungshintergrund und Organisationsstruktur 31
        1.2.1.1 Der UNICEF e.V. 31
        1.2.1.2 Deutsche Welthungerhilfe e.V. 34
        1.2.1.3 Der MISEREOR e.V. 35
    1.2.2 Tätigkeitsbereiche 36
        1.2.2.1 Der UNICEF e.V. 36
        1.2.2.2 Deutsche Welthungerhilfe e.V. 38
        1.2.2.3 Der MISEREOR e.V. 38
1.3 Armut, Hunger, Unterernährung 39
1.4 Steigende Agrarprodukt-Preise als Herausforderung
    für Non-Profit-Organisationen 44
1.5 Fundraising 50
    1.5.1 Definition und Abgrenzung 50
    1.5.2 Aufgaben und Zielsetzung 51
Literaturverzeichnis zu Kapitel 1 52

2 Ausreichende Mittelbereitstellung durch effektives Fundraising 61
2.1 Organisatorische Voraussetzungen für das Fundraising 62
2.2 Strategisches Management im Fundraising von NPO 63
    2.2.1 Strategische Zielperspektiven des Fundraisings 65
    2.2.2 Alternativen der Förderer-Motivation 69
    2.2.3 Effektivität im Fundraising 72
2.3 Ausgewählte Formen des Fundraisings 74
    2.3.1 Anlass- und Aufwandsspenden 75
    2.3.2 Stiftungen 76
    2.3.3 Internet-Fundraising 79
    2.3.4 Prominenten-Fundraising 84
2.4 Anforderungen der Förderer an Non-Profit-Organisationen 86
    2.4.1 Online-Befragung zum Thema „Spenden für Hungeropfer steigender Agrarprodukt-Preise" 86
    2.4.2 Kritische Auseinandersetzung 99
Anlagen zu Kapitel 2 103
Literaturverzeichnis zu Kapitel 2 114

3 Zusammenfassung und Ausblick 119
Literaturverzeichnis zu Kapitel 3 122

Abbildungs-/Anlagenverzeichnis

Abbildung 1.1	Management-System für Non-Profit-Organisationen	28
Abbildung 1.2	Das Spektrum sozialer Unternehmen	29
Abbildung 1.3	Die Weltkarte des Hungers 2011	43
Abbildung 1.4	FAO Food Price Index	45
Abbildung 1.5	Wettereinflüsse, Exportverbote und Biotreibstoffe als Preistreiber für Agrar-Rohstoffe	45
Abbildung 1.6	Monatliches Volumen der Termingeschäfte, 2002–2011	46
Abbildung 1.7	Online-Handel mit Weizen über die Commerzbank AG	47
Abbildung 1.8	Relative Schwankungen der Weltmarktpreise für Weizen, Monatsraten, 1980–2010	49
Abbildung 2.1	Die Kluft zwischen Arm und Reich	61
Abbildung 2.2	Allgemeiner Fundraising-Planungsrahmen	64
Abbildung 2.3	Das Sechseck der Zielperspektiven für das Fundraising	66
Abbildung 2.4	Erweiterter Produktlebenszyklus	68
Abbildung 2.5	Rechtsfähige Stiftungen des bürgerlichen Rechts	77
Abbildung 2.6	Die größten Stiftungen privaten Rechts nach Vermögen	78
Abbildung 2.7	Zahlungswege und durchschnittliche Höhe der Einzelspenden	79
Abbildung 2.8	Die Deutsche Welthungerhilfe e.V. auf YouTube	82
Abbildung 2.9	Frage 1 der Online-Befragung „Spenden für Hungeropfer steigender Agrarprodukt-Preise"	88

Abbildung 2.10	Filter zu Frage 1 der Online-Befragung „Spenden für Hungeropfer steigender Agrarprodukt-Preise"	88
Abbildung 2.11	Auswertung zur Anlage 5 bzw. Frage 2	89
Abbildung 2.12	Filter zu Frage 2 der Online-Befragung „Spenden für Hungeropfer steigender Agrarprodukt-Preise"	89
Abbildung 2.13	Auswertung zu Anlage 11 bzw. Frage 3	90
Abbildung 2.14	Frage 4 der Online-Befragung „Spenden für Hungeropfer steigender Agrarprodukt-Preise"	90
Abbildung 2.15	Auswertung zu Frage 4	92
Abbildung 2.16	Frage 5 der Online-Befragung „Spenden für Hungeropfer steigender Agrarprodukt-Preise"	92
Abbildung 2.17	Auswertung zu Anlage 7 bzw. Frage 6	93
Abbildung 2.18	Auswertung zu Anlage 8 bzw. Frage 7	93
Abbildung 2.19	Frage 9 und 10 der Online-Befragung „Spenden für Hungeropfer steigender Agrarprodukt-Preise"	94
Abbildung 2.20	Auswertung zu Frage 9	95
Abbildung 2.21	Auswertung zu Frage 11	97
Abbildung 2.22	Auswertung zu Frage 11	97
Abbildung 2.23	Ausgewählte Antworten aus Freitext-Feld der Frage 12	98
Abbildung 2.24	Ertrags- und Kostenübersicht von Welthungerhilfe, Misereor und UNICEF für 2010	100

Anlage 1	Spendenzwecke 2009–2011	103
Anlage 2	MISEREOR auf Facebook	104
Anlage 3	UNICEF bei XING	105
Anlage 4	Startseite der Online-Befragung „Spenden für Hungeropfer steigender Agrarprodukt-Preise"	106
Anlage 5	Frage 2 der Online-Befragung „Spenden für Hungeropfer steigender Agrarprodukt-Preise"	107
Anlage 6	Frage 3 der Online-Befragung „Spenden für Hungeropfer steigender Agrarprodukt-Preise"	108
Anlage 7	Frage 6 der Online-Befragung „Spenden für Hungeropfer steigender Agrarprodukt-Preise"	109
Anlage 8	Frage 7 und 8 der Online-Befragung „Spenden für Hungeropfer steigender Agrarprodukt-Preise"	110

Anlage 9	Frage 12 der Online-Befragung „Spenden für Hungeropfer steigender Agrarprodukt-Preise"	111
Anlage 10	Auswertung zu Frage 1	112
Anlage 11	Auswertung zu Frage 5	112
Anlage 12	Auswertung zu Anlage 16 bzw. Frage 9	113

Abkürzungsverzeichnis

AG	=	Aktiengesellschaft
AIDS	=	Acquired Immune Deficiency Syndrome
bzw.	=	beziehungsweise
D.C.	=	District of Columbia
cet. par.	=	Ceteris paribus (lat.) = Alles andere bleibt gleich
Dr.	=	Doktor
DRK	=	Deutsches Rotes Kreuz
EBD	=	ebenda
e.V.	=	eingetragener Verein
et al.	=	et alii/aliae/alia = und andere (lat.)
etc.	=	et cetera (und so weiter)
ETF	=	Exchange-traded fund
EU	=	Europäische Union
f.	=	folgende(r)
FAO	=	Food and Agriculture Organization
FAQ	=	Frequently Asked Questions (= häufig gestellte Fragen)
FDP	=	Freie Demokratische Partei
ff.	=	fort folgende(r)
GFRP	=	Global Food Crisis Response Program
GmbH	=	Gesellschaft mit beschränkter Haftung
HIV	=	Humanes Immundefizienz-Virus
Kcal	=	Kilo-Kalorien
lat.	=	lateinisch
Mio.	=	Millionen
MUV	=	Manufactures Unit Value Index
NGO	=	Non Governmental Organization
NPO	=	Non Profit Organisation(en)

NPS	=	Non Profit Sektor
NRO	=	Nichtregierungs-Organisation
PHC	=	Primary Health Care
Prof.	=	Professor
SCN	=	Standing Committee on Nutrition
sog.	=	sogenannte/r/s
TÜV	=	Technischer Überwachungs-Verein
TV	=	das Fernsehen (engl. television)
u. a.	=	unter anderem
UNICEF	=	United Nations International Children's Emergency Fund
UNRRA	=	United Nations Relief and Rehabilitation in Amhara
US	=	United States
USA	=	United States of America
Vgl.	=	vergleiche
WFP	=	World Food Programme
WHO	=	World Health Organization
z. B.	=	zum Beispiel
ZDF	=	Zweites Deutsches Fernsehen
ZEW	=	Zentrum für Europäische Wirtschaftsforschung
z. T.	=	zum Teil

Theoretische Grundlagen 1

In diesem ersten Kapitel geht es primär darum, verschiedene Begrifflichkeiten und Zusammenhänge vorzustellen, die für den weiteren Verlauf sowie für ein Basisverständnis dieses Buches von Bedeutung sind. Dies sind zunächst vor allem Begriffe aus dem nicht-gewinnorientierten Wirtschaftssektor; wobei jeweils Beispiele anhand großer Hilfsorganisationen beschrieben werden. Als vorherrschende Themen stehen weltweit Armut, Hunger und Unterernährung im werblichen Mittelpunkt vieler Hilfsorganisationen. Vor allem in den letzten Jahren wurden verstärkt mögliche Ursachen und Auslöser kontrovers in vielen Medien diskutiert; besonders erwähnenswert aus diesem Sammelsurium ist die Spekulation auf Nahrungsmittel, zumal dazu in jüngster Vergangenheit immer neue Stellungnahmen und Sichtweisen veröffentlicht worden sind. All diese aktuellen Erkenntnisse werden zu einem neuen Bild zusammen gefügt. Dieses Bild gibt Ihnen als Leser dieses Buches einen Gesamteindruck der Situation an sich, des Einflussgrades unterschiedlichster Akteure sowie des Interventionspotenzials vonseiten der Hilfsorganisationen.

Zu Beginn soll nun die „Non-Governmental-Organisation" beleuchtet werden.

1.1 Non-Governmental-Organisationen (NGO)

▶ **Non-Governmental-Organisation** Aus dem Englischen abgeleitet kann die Non-Governmental-Organisation als „Nichtregierungs-Organisation" bezeichnet werden. Gemeint ist damit „jede internationale Organisation, die nicht durch zwischenstaatliche Übereinkunft errichtet wurde" [42]. Im Wesentlichen sind damit Selbsthilfeorganisationen, wie Bürgerinitiativen, Umweltschutzgruppen, Solidaritätsgruppen, Basisinitiativen etc. gemeint. Ihre Aufgaben sind weitgehend auf Konsultation, Beratung, Aufklärung und Vorschläge beschränkt [42].

Die Begriffe Non-Governmental-Organisation (NGO) beziehungsweise die deutsche Übersetzung „Nichtregierungs-Organisation" (NRO) werden in der Umgangssprache oft in gleicher Weise verwendet wie der Begriff „Non-Profit-Organisation" [48]. Anders als in Amerika wird der Begriff der Non-Profit-Organisation im europäischen Raum vorrangig als Synonym eines nicht-staatlichen Unternehmens verstanden. Die EUROPÄISCHE KOMMISSION [36] weist auf ein mögliches Missverständnis hinsichtlich dieser Benennung hin. Wörtlich genommen müssten NGOs sowohl gewinnorientierte als auch nicht auf Gewinn ausgerichtete Organisationen umfassen, solange sie nur nicht staatlich sind. Dies aber ist praktisch nicht beabsichtigt.

Die Gesamtheit der Organisationsformen NGO, NPO oder auch NRO bildet den „Dritten Sektor". Dieser „Dritte Sektor" soll im folgenden Abschnitt näher beleuchtet werden.

1.1.1 Der Dritte Sektor

Weltweit befindet sich der Dritte Sektor der gemeinnützigen Organisationen auf einem Wachstumskurs [61].

▶ **Dritter Sektor** „Der Begriff ‚Dritter Sektor' wird als Sammelbegriff für Organisationen gebraucht, die weder dem privatwirtschaftlichen Sektor noch dem öffentlichen Sektor zweifelsfrei zugeordnet werden können" [47]. Verwendung findet diese Begrifflichkeit für einen bestimmten Bereich der Gesellschaft. Der Dritte Sektor lässt sich von dem Staat als ersten Sektor und dem Markt als zweiten Sektor abgrenzen. Der Staat zeichnet sich durch einen hierarchischen und bürokratischen Aufbau aus. Der Markt ist grundsätzlich auf die Maximierung des Gewinns fokussiert [17][116].

Demgegenüber verfolgen Organisationen aus dem Dritten Sektor mit Nachdruck eine Orientierung an Werten wie Solidarität. Darüber hinaus stellen sie Hilfe- und Unterstützungsleistungen für Bedürftige bereit [65].

Organisationen aus diesem Segment schaffen monetär vergütete Arbeitsplätze. Insbesondere liegt ein Charakteristikum des Dritten Sektors auch in einem hohen Anteil ehrenamtlich tätiger Personen [17]. Als Bestandteile des Dritten Sektors zählt WEX [115] nachstehende vier Formen:

- „Verselbstständigte öffentliche Einrichtungen (z. B. Hochschulen, Rundfunkanstalten, Sozialversicherungen, Theater etc.)

- Staatsergänzende Einrichtungen (z. B. Deutsche Forschungsgemeinschaft, Goethe-Institute, TÜV, Industrie- und Handelskammern etc.)
- Konventionelle gemeinnützige Organisationen (Organisationen in privater Trägerschaft, die im öffentlichen Interesse handeln, wie: kirchliche Einrichtungen, Hilfsdienste von Gewerkschaften oder Vereinen etc.)
- Alternative Einrichtungen (Organisationen der ‚Alternativszene')".

In seinem Beitrag zum Dritten Sektor arbeitet REICHARD [82] folgende fünf Merkmale für Organisationen aus diesem Segment heraus:

1. Zum einen herrscht Autonomie, das heißt es erfolgt keine Beeinflussung durch beispielsweise den Staat.
2. Daneben liegt eine Dominanz der Nonprofit-Orientierung bzw. der vorrangigen Berücksichtigung von Sachzielen vor [90].
3. Mitgliedschaftliche Strukturen und
4. das Prinzip der Freiwilligkeit zeigen sich ebenfalls in Organisationen des Dritten Sektors unter dem Oberbegriff der Informalität [1].
5. Solidarität gegenüber den Anspruchsgruppen der Organisation und der wechselseitige Direkttausch gegenüber den Abnehmern sind weitere Merkmale des Dritten Sektors [47].

In diesem Zusammenhang ist festzuhalten, dass nicht alle der genannten fünf Merkmale für Akteure des Dritten Sektors gelten. Solidarität und Direkttausch treffen nach Fachmeinung nicht auf verselbstständigte und staatsergänzende Institutionen zu [115]. Als Synonym sprechen Experten auch vom Nonprofit-Sektor [122].

Forschungsseitig stellen BADELT, MEYER und SIMSA [7] Merkmale der interdisziplinären volks- und betriebswirtschaftlichen sowie sozioökonomischen Forschungsperspektive heraus.

Demnach ist die *volkswirtschaftliche Forschung* zum Nonprofit-Sektor durch einen sozialökonomischen Zugang geprägt, der NPO aus einer breiteren gesellschaftlichen Sicht untersucht. NPO agieren dabei als Produzenten von Gütern und Dienstleistungen und bedienen sich einer besonderen institutionellen Form.

Hingegen beschäftigt sich die *betriebswirtschaftliche Forschung* mit Organisationseinheiten, die Güter und Dienstleistungen durch den Einsatz von Produktionsfaktoren herstellen.

Für die *sozioökonomische Perspektive* spielt das unterschiedliche Verhalten zwischen den NPO und anderen Produzenten eine wichtige Rolle. Darüber hinaus beschäftigt sich dieser Ansatz mit der Aufgabenverteilung zwischen dem Nonprofit-Sektor, dem Staat und dem Bereich der gewinnorientierten Unternehmen.

Die in Abschnitt 1.1 bereits angesprochene „Non-Profit-Organisation" als Akteur des Dritten Sektors wird im Folgenden näher erläutert.

1.1.2 Definitionen und Begriffe der Non-Profit-Organisationen (NPO)

„Nonprofit Organisationen (NPO) spielen im wirtschaftlichen, sozialen und kulturellen Leben moderner Gesellschaften eine wichtige Rolle. Das breite Spektrum an Beispielen enthält so verschiedenartige Organisationen wie private Museen, Kulturvereine, Feuerwehren, Sportorganisationen, Wohlfahrtsverbände, Ordensspitäler, Interessenvertretungen, Parteien oder kleine Selbsthilfegruppen [7].

Ein Blick in die einschlägige Literatur zu NPO verdeutlicht, dass sich die Betriebswirtschaftslehre grundsätzlich intensiv mit dem Forschungsstand zu NPO auseinandersetzt. Eine allein- und allgemeingültige Definition des NPO-Begriffes liegt jedoch nicht vor [86][10].

BRUHN verwendet den Begriff der Nonprofit-Organisation zur Systematisierung von NPO:

▶ **Non-Profit-Organisation** Die Non-Profit-Organisation ist „... eine nach rechtlichen Prinzipien gegründete Institution (privat, halb-staatlich, öffentlich), die durch ein Mindestmaß an formaler Selbstverwaltung, Entscheidungsautonomie und Freiwilligkeit gekennzeichnet ist und deren Organisationszweck primär in der Leistungserstellung im nicht-kommerziellen Sektor liegt." [11]

Vilain [112][57] hingegen definiert die Non-Profit-Organisation als ein als nach außen mehr oder weniger offenes, formal strukturiertes und von direkter staatlicher Einflussnahme unabhängiges soziotechnisches Gebilde, die zur Erreichung eines selbst gesetzten, nicht primär an der Erwirtschaftung eines Residualeinkommens orientierten Ziels (Gewinn) freiwillige Leistungen und verschiedene materielle und immaterielle Ressourcen generieren und kombinieren, um dadurch materielle und immaterielle Leistungen für sich selbst und andere zu erzeugen.

Mitarbeiter des Zentrums für Europäische Wirtschaftsforschung (ZEW) liefern in einer Publikation zum Non-Profit-Sektor in Deutschland die nachstehende Erklärung: „Als ‚Non-Profit-Sektor' (NPS) wird ... derjenige Teil der Volkswirtschaft bezeichnet, der weder zum öffentlichen Sektor noch zum privaten gewinnorientierten Sektor gehört, und der als Anbieter von gemeinwirtschaftlichen Gütern und Dienstleistungen am Markt auftritt" [64].

Der NPO-Begriff lässt sich in differenzierter Weise abgrenzen. Insbesondere bestehen Unterschiede zwischen der US-amerikanischen und europäischen bzw. deutschen Literatur. In den USA erfolgt gemäß den Ausführungen von SCHAAD [85] eine Kategorisierung in die drei Sektoren Unternehmen, öffentliche Hand und NPO [79]. Dem stehen in Europa unterschiedliche Abgrenzungen gegenüber. Nach MERTES [67] werden hier staatliche Sektoren wie öffentliche Unternehmen in den Bereich der NPO einbezogen, zum Teil wird sich an die in den USA gegliederte Definition in drei Sektoren angelehnt.

Gerne wird der englische Begriff „nonprofit" als „no profit" verstanden, obgleich eigentlich „not for profit" richtig ist. HANSMANN [51] stellt mit nachstehender Begriffsdefinition heraus, dass auch NPO Gewinne erwirtschaften dürfen: Nicht, dass es NPO nicht verboten sei, Gewinne zu erwirtschaften; vielmehr müssen sie jegliche Überschüsse zur Finanzierung ihres zukünftigen Service oder zur Verteilung nicht-steuernden Personen widmen. Die grundsätzliche bedarfswirtschaftliche Ausrichtung schließt die Erzielung von Gewinnen in NPO nicht aus. Mit dem Terminus Not-for-Profit bliebe diese Fehlinterpretation des grundsätzlichen Ausschlusses der Gewinnorientierung außen vor [53][40].

Auch ein Großteil der amerikanischen Literatur führt an, dass NPO Gewinne erwirtschaften dürfen. Als zentrales Kriterium dient in diesem Zusammenhang eine Überschussverwendungsbeschränkung für erwirtschaftete Gewinne, welches auch der Bezeichnung der privaten NPO in Deutschland entspricht [88].

Weiterhin wird die Bezeichnung „Non-Profit-Organisation" gerne wegen seines negativ-abgrenzenden Charakters hinterfragt und Alternativen wie „Social Profit Organisation", „Zivilgesellschaftliche Organisation" oder auch „Freiwilligenorganisation" durchdacht. Doch auch solche Alternativbegriffe geben den Sinn einer solchen Hilfsorganisation nicht vollständig und korrekt wieder: Einem Wirtschaftsunternehmen kann ggf. auch „social profit" zugeschrieben werden; zudem kennzeichnet der Begriff „Nonprofit" die dominante Entscheidungsorientierung *Verzicht auf Gewinnausschüttung* [7].

Im Folgenden wird ein Überblick über die Vielfalt der NPO gegeben. Dabei wird die gesamte, organisierte Gesellschaft in die Teilsysteme Staat, Wirtschaft und privater NPO-Sektor gegliedert. Dem Staat kommt die Erfüllung öffentlicher Aufgaben zu [123]. Passend zu dem jeweiligen Träger werden die zugehörigen Arten genannt:

- Staatliche NPO
  Hier handelt es sich um gemeinwirtschaftliche NPO wie öffentliche Verwaltungen und Betriebe (z. B. Verkehr/Energie/Krankenhäuser/Schulen).
- Halbstaatliche NPO
  Dies sind öffentlich-rechtliche, selbstverwaltende Körperschaften wie Kammern und Sozialversicherungen.

- Private NPO
  Zu dieser Gruppe sind alle nachfolgenden Träger zuzuordnen.
  - Wirtschaftliche NPO (z. B. Wirtschaftsverbände/Arbeitnehmerorganisationen/Berufsverbände/Verbraucherzentralen)
  - Soziokulturelle NPO (z. B. Sport- und Freizeitvereine/Kirchen)
  - Politische NPO (z. B. politische Parteien/Umweltschutzorganisationen/politisch orientierte Vereine/organisierte Bürgerinitiativen)
  - Soziale NPO (z. B. Hilfsorganisationen und Dienstleistungsbetriebe für Kranke, Betagte, Behinderte, Süchtige oder Arme/Entwicklungshilfe-Organisationen/Selbsthilfegruppen mit sozialen Zwecken) [5].

Die Versorgung der Bevölkerung mit Gütern und Dienstleistungen wird durch erwerbswirtschaftliche Unternehmen vorgenommen. Hier liegt die Intention in einer Steigerung des Gewinns durch den Vertrieb von Waren und Serviceleistungen an die Kunden [60].

Die in der Aufzählung formulierte Ergänzung „privat" führen NPO, weil sie nichtstaatlich sind. Die Ergänzung wird sowohl von Privatpersonen als auch nichtstaatlichen Organisationen verwendet.

Zusammenfassend kann konstatiert werden, dass der Zweck von NPO nicht in der Gewinnerzielung liegt, eine solche trotzdem nicht auszuschließen ist. Die Gewinnerzielung kann für die Schaffung neuer Ressourcen oder zum Ausgleich von Verlusten durchaus sinnvoll sein [62].

NPO lassen sich durch folgende *Merkmale* charakterisieren:

- Mindestmaß an formaler Organisation
- Mindestmaß an Freiwilligkeit (bei Mitarbeit, Mitgliedschaft und Spenden)
- Mindestmaß an Selbstverwaltung
- Erbringung von Leistungen ohne Marktpreise
- Nicht-schlüssige Tauschbeziehungen (die Leistungsempfänger sind ungleich den Zahlern für diese Leistung)
- mitgliedschaftliche Struktur [5].

Dieser Charakterisierung ist ergänzend hinzuzufügen, dass die vorrangig bedarfswirtschaftlichen Ziele durch die Organisation selbst, etwa durch die Gründungsmitglieder in der Satzung, bestimmt werden müssen. Damit führt eine NPO weder Anweisungen durch Dritte aus, noch ist sie ein Bestandteil eines Zweckverbandes [112].

Abschließend zur Begriffserklärung wird dargelegt, wie eine NPO ihre primären Sachziele, also die Befriedigung von Bedürfnissen oder einer bestimmten Bedarfsdeckung, erfüllt. Dabei lassen sich NPO sowohl als Produktionsunternehmen als auch als Dienstleistungsunternehmen betrachten.

NPO realisieren ihre Ziele vergleichbar mit erwerbswirtschaftlichen Industrieunternehmen durch das Erbringen bestimmter Leistungen [58].

Wie bei klassischen Wirtschaftsunternehmen, erfolgt dies aus einer Kombination der Faktoren Finanzen, Arbeit durch Personen, Sachmittel und Leistungen der Organisationsführung [57] ist somit kein Unterschied zwischen NPO und gewinnorientierten Unternehmen festzustellen. NPO benötigen ebenfalls finanzielle Mittel und Personen zur Erfüllung ihrer Aufgaben wie beispielsweise Nothilfe [6].

Auch für NPO ist es zwingend erforderlich, dass eine Person die Führungsfunktion wahrnimmt, um die Sachziele zu steuern bzw. zu realisieren, und um eine hohe Qualität der Leistungserbringung zu gewährleisten. Zur Realisierung ihrer Ziele und Zwecke haben alle Organisationen wie Vereine, Kirchen, Parteien, Krankenhäuser oder Museen Leistungen herzustellen und an externe Gruppen abzugeben [11].

Dazu zählen auch Dienstleistungen, u. a. die Beratung und Diskussion mit Jugendlichen zur Senkung der Jugendkriminalität, Eltern- und Familienberatung, mobile Pflegedienste, die Integration oder Tagesbetreuung von Behinderten oder die Verpflegung bzw. Versorgung von Flüchtlingen oder Betroffenen einer Naturkatastrophe [10].

Das Spektrum von NPO bzw. von im Dritten Sektor tätigen Organisationen ist äußerst breit.

Bevor ausgewählte NPO im Fokus stehen, die derartige Aufgaben wahrnehmen, erfolgt nachstehend eine kurze Klärung des Begriffes „Verein".

1.1.3 Vereine

▶ **NP-Vereine** NPO in Gestalt von Vereinen in Deutschland sind im Regelfall als Idealvereine im Sinne des §21 des Bürgerlichen Gesetzbuches organisiert. Ihre satzungsmäßigen Hauptzwecke liegen u. a. in der Förderung des Sports, der körperlichen Aktivität oder der Völkerverständigung [19].

Vereine im eigentlichen Sinne definieren sich entsprechend der Begrifflichkeiten zum Dritten Sektor und den NPO ebenfalls über Merkmale wie etwa Freiwilligkeit, vorrangig ehrenamtliche Tätigkeit, demokratische Entscheidungsstrukturen oder die Finanzierung über Beiträge und öffentliche Zuschüsse. Auch ist es Idealvereinen durch das Nebenzweckprivileg möglich, wirtschaftliche Aktivitäten zu verfolgen, um dadurch die benötigten Fördermittel ihrer ideellen Hauptzwecke zu verwirklichen [52]. Mit Blick auf die historische Entwicklung und die gesellschaftliche Relevanz von Vereinen lässt sich sowohl eine Zunahme in absoluten Zahlen als auch die Vielfältigkeit hinsichtlich der Einsatzbereiche beobachten [11] [3][12][33].

In den weiteren Ausführungen werden verschiedene NPO mit ihren Charakteristika erläutert.

1.1.4 Effizienz von NGO

In einer Ära von Budget-Kürzungen, Lean Management und Privatisierungsbemühungen sieht sich der Dritte Sektor mit großen Herausforderungen und Chancen konfrontiert [2].

VERNIS [110] stellte 1998 fest: Wir sollten uns nicht täuschen: Management und NPO sind bis vor Kurzem nicht sehr gut miteinander ausgekommen. Bis dahin sind NPO mit viel Wohlwollen und sehr wenig Verstand gemanagt worden. Allzu oft hat das Management gegensätzlich zu den Grundwerten der NPO empfunden [7].

Während im gewinnorientierten Sektor verlustträchtige Unternehmen schnell ihre Daseinsberechtigung verlieren, könnte ein operatives Defizit die Förderer von NPO leicht zur zusätzlichen Unterstützung aufmuntern. Ineffiziente Organisationen können potenziell überleben, weil die Förderer keine Möglichkeit haben, jene, die effizient auf die Bedürfnisse ihrer Zielgruppen eingehen, zu unterscheiden von solchen, die Unsummen an Geld für Verwaltung und Management ausgeben [84].

NPO müssen zum einen unterschiedlichen Systemlogiken genügen, ohne eine davon langfristig priorisieren zu können. Zum anderen sind sie mit widersprüchlichen Erwartungen konfrontiert, die sie ausgleichen müssen [7].

Eine dieser Erwartungen ist die an eine betriebswirtschaftliche Managementorientierung; vergleichbar der eines Wirtschaftsunternehmens. Ein weit verbreitetes Urteil über NPO ist eine relative Ineffizienz hinsichtlich der Gestaltung von Strukturen und Prozessen sowie des Einsatzes „moderner" Managementinstrumente und -methoden im Vergleich zu Wirtschaftsunternehmen [7]. ERDMANN [35] führt hingegen argumentativ ins Feld, im NGO-Bereich sei das Evaluierungswesen wenig entwickelt; daher liege auch nur wenig empirisches Material über diese vor. Zudem gäbe es nur wenige unabhängige, methodisch abgesicherte und vergleichende Untersuchungen über NGO. Erschwerend käme noch hinzu, dass NGO als Untersuchungsgegenstand sehr heterogen hinsichtlich Größe, Aufgaben, Organisationsstruktur, Operationsebene sowie ihrer Distanz zu Regierungen seien.

▶ **Effizienz** „Effizienz" dient als Beurteilungskriterium, mit dem sich beschreiben lässt, ob eine Maßnahme geeignet ist, ein vorgegebenes Ziel in einer bestimmten Art und Weise zu erreichen [43].

BADELT, MEYER UND SIMSA [7] erwähnen neuere Managementkonzepte mit Eigenschaften wie z. B. „virtuell", „netzwerkartig", „heterarchisch", „lean" oder „lernend"[2], die im Nonprofit-Bereich altbekannt seien und lediglich für moderne Wirtschaftsunternehmen neue Entwicklungen darstellten. Zudem wiesen viele NPO Kennzeichen wie die Aufwertung informeller Strukturen, eine starke „Verflüssigung" organisationsinterner Prozesse und Strukturen, die parallele Existenz durchaus unterschiedlicher Mitgliedschaftsverhältnisse sowie vernetzte Strukturen zu relevanten Stakeholdern auf, die modern organisierte Wirtschaftsunternehmen zugesprochen werden.

HERZLINGER [55], Professorin für Betriebswirtschaftslehre an der Harvard Business School, beschreibt die Ineffizienz bei NPO als zu wenig zurück zu bekommen für das, was sie ausgegeben haben. Einige NPO würden zudem zu viel für das Fundraising und die Verwaltung ausgeben und weniger als 50 % ihrer Einkünfte dem Kundenzweck widmen.

Als weiterer Treiber für die Ineffizienz sei die „private Gewöhnung" zu nennen. Diese bedeute, dass einzelne Personen, die steuerbefreite Unternehmen kontrollierten, übertriebene Gewinne für sich selbst erlangten. Zudem seien Gehaltsniveaus stets zu hinterfragen.

Ineffizienz bei NPO könne aber auch dadurch begünstigt werden, indem die Organisation überhöhte Risiken bei ihren Investments eingehe. Dies könne (je nach gesetzlicher Restriktion des jeweiligen Staates) zum finanziellen Desaster führen [55].

Grundlegend sind drei Rechenschaftsmechanismen zu benennen, an denen es Unternehmen des Dritten Sektors wie auch Regierungen mangelt:

1. Es fehlt am ureigenen Interesse, das durch eine Eigentümerschaft vorhanden wäre. Dieses würde sicherstellen, dass die Manager keine überhöhten Vergütungen und Abfindungen erhalten, dass das Unternehmen seine Ziele effizient erreicht, und dass Risiken angemessen bewertet werden.
2. Es fehlt oft an Wettberbern, die Effizienz erzwingen würden. Viele Organisationen sind nahezu Monopolisten.

---

2 Vgl. auch DAVIDOW & MALONE; SYDOW & WINDELER; HEDLUND; VAN ECKARDSTEIN & SEIDL; COHEN & SPROULL sowie ARGOTE.

3. Es fehlt an einem endgültigen Gradmesser für unternehmerischen Erfolg, einer operativen Ergebnisgröße. Obwohl der Gewinn nicht derart relevant für NPO ist, sind alternative Performance-Messungen schwer zu finden [55].

Dabei wird es immer wichtiger, einen Weg zu finden, die Performance von NPO zu messen, zumal viele NPO ihre Unternehmensgröße und ihre Einflussnahme weiter ausbauen [54].

Um sich im Vergleich zu Wirtschaftsunternehmen zu behaupten und die Effizienz zu verbessern, braucht die NPO eine schlagkräftige, proaktive Geschäftsführung als Aufsicht. Die Geschäftsführung muss die Rollen einnehmen, die im Wirtschaftsunternehmen die Eigentümer und der Markt innehaben. Nur so ist sichergestellt, dass die NPO ihre Mission effizient umsetzt und sich ihr eigenes Performance-Messsystem herleitet [56].

Professor Herzlinger hat zu diesen Aspekten vier Fragen identifiziert, für die er jeweils mehrere Indikatoren aufführt (vgl. Abbildung 1.1).

Demgegenüber rät DEES [18], Professor für Öffentlichen Dienst an der Stanford Universität, zur Vorsicht: Der Drang, Geschäftsmäßiger zu werden, bedeute auch viele Gefahren für NPO. Im günstigsten Fall begegnen NPO lediglich operativen und kulturellen Herausforderungen im Prozess der kommerziellen Mittel-

Abbildung 1.1 Management-System für Non-Profit-Organisationen

	Management-System für Non-Profit-Organisationen			
Fragen	Konsistenz zwischen Zielen und finanziellen Ressourcen?	Gerechtigkeit zwischen den Generationen?	Übereinstimmung zwischen Herkunft und Verwendung der Mittel?	Nachhaltigkeit?
Indikatoren	Kapitalumschlag; Liquidität; soziodemografische Merkmale der Kunden; Kostenverteilung	Inflationsbereinigte Bilanz	Analyse der Steuerbarkeit der Spendenquellen und -verwendung	Integrierter Finanz- und Strategieplan; Verteilungsmessungen

In Anlehnung an: [56]

beschaffung. Im schlechtesten Fall kann die kommerzielle Geschäftstätigkeit die soziale Mission einer NPO jedoch untergraben. Dabei ist die kommerzielle Mittelbeschaffung besonders attraktiv, weil sie zumeist frei verwendbar ist: Eigentümer von Wirtschaftsunternehmen können Mehreinnahmen verwenden, für welche Zwecke sie auch wollen, während die Verwendung von Zuwendungen und Spenden an NPO oft nur beschränkt für ausgewählte Projekte und Zwecke verwendet werden darf [18].

Auch HANSMANN [50] sieht NPO weit entfernt davon, eine ideale Organisationsform darzustellen. Der fehlende Gewinnanreiz gäbe Anlass zu einer Reihe möglicher Probleme. NPO liefen zum Beispiel Gefahr, zu langsam auf Anfragen zu antworten, und es gäbe vielleicht ein erhöhtes Potenzial bei NPO, wertvolle Ressourcen zu verschwenden, als dies bei Wirtschaftsunternehmen der Fall sei.

Ein gangbarer Weg, sowohl die Effizienz bei NPO zu verbessern als auch deren Abhängigkeit von Förderungen und freiwilligen Beihilfen zu reduzieren, ist, einen Mittelweg zu beschreiben. Eine soziale Unternehmung ist nach DEES in dem Ausmaß kommerziell tätig, in dem sie wie ein Wirtschaftsunternehmen ihre Mittel akquiriert und ihre Waren und Dienstleistungen vertreibt. Je Kommerzieller ein Unternehmen agiert, desto weniger ist es auf Humanität angewiesen.

Abbildung 1.2 Das Spektrum sozialer Unternehmen

		Reine Humanität ⟵	⟶	Reine Kommerzialität
Motive		Appell an das Wohlwollen	Gemischte Motive	Appell an das Eigeninteresse
Methoden		Missions-Getrieben	Missions- und Markt-Getrieben	Markt-Getrieben
Ziele		Sozialer Wert	Sozialer und ökonomischer Wert	Ökonomischer Wert
Wichtigste Stakeholder	Begünstigte	Freie Nutzung	Subventionierte Preise; oder Mix aus Vollzahlern und zahlungsbefreiten Nutzern	Marktpreise
	Kapital	Spenden und Zuschüsse	Unter Markt-Niveau; oder Mix aus Spenden und Kapital zu Marktpreisen	Kapital auf Markt-Niveau
	Belegschaft	Freiwillige	Unterhalb Gehalt zu Marktniveau; oder Mix aus Freiwilligen und vollbezahlten Kräften	Marktübliche Kompensation
	Leistungserbringer	Sachspenden	Spezielle Rabatte; oder Mix aus Sach- und reinen Geldspenden	Marktpreise

Quelle: [18]

Wenige soziale Unternehmen können oder sollten rein humanitär oder rein kommerziell agieren; die meisten sollten humanitäre und kommerzielle Elemente in einer produktiven Balance kombinieren. Viele tun dies bereits [18].
Abbildung 1.2 veranschaulicht das Spektrum der Kommerzialisierung in Bezug auf die Beziehungen einer NPO zu ihren wichtigsten Stakeholdern.
Zusammenfassend lässt sich also festhalten, dass NGO grundsätzlich sparsam mit Verwaltungs- und Werbekosten umgehen sollten; dazu gehören auch die Zahlungen an Schlüsselpersonen wie Prominente, Botschafter und Führungskräfte. Welche Kostenquoten im Allgemeinen als vergleichsweise Empfehlenswert erachtet werden, wird in Abschnitt 2.4.2 am Beispiel ausgewählter NPO betrachtet. Weiterhin könnte ein rein humanitär organisierter Akquisitionsweg durch eine kommerzielle Erweiterung ergänzt werden, um die Effizienz der NGO zu erhöhen.

1.2 Ausgewählte NPO im Fokus

In diesem Abschnitt werden die eingetragenen Vereine

- United Nations Children's Fund (UNICEF)
- Deutsche Welthungerhilfe e. V. und
- Misereor e. V.

mit ihrem Entstehungshintergrund und ihren spezifischen Tätigkeitsbereichen präsentiert.

In einer Vielzahl von Staaten haben sich die genannten NPO etabliert. Grundsätzlich sind NPO unterschiedlich und zeichnen sich auch durch differenzierte Motive aus, die zu ihrer Entstehung, Entwicklung und dem Engagement von Personen in der jeweiligen Organisation geführt haben [92][86].

Ein in der Literatur zum Non-Profit-Management zu identifizierender Erklärungsansatz, der als Ursache für die Entstehung von NPO vorgetragen wird, stellt auf die Unterversorgung bestimmter Bevölkerungsgruppen oder hinsichtlich bestimmter Leistungen in quantitativer und qualitativer Hinsicht ab [11]. Vorrangig die Gründung und die Arbeit von NPO in sozialen Bereichen der Gesellschaft lassen sich mit diesem Ansatz, dem die Theorie des Markt- und Staatsversagens bzw. der Kollektivgut zugrunde liegt, erklären [46]. Soziale NPO stellen ihre spezifischen Leistungen solchen Menschen zur Verfügung, für die der Staat und Markt keine ausreichende Versorgung bietet [109].

Das Hauptziel der im Fortgang vorzustellenden bedarfswirtschaftlichen NPO besteht gemäß der allgemeinen Begriffsdefinition aus Abschnitt 1.1.2 darin, spezifische Bedürfnisse vielfältiger Personenkreise zu befriedigen, die durch den Markt oder Staat nicht erfüllt werden (können).

Auf den Entstehungshintergrund und der Organisationsstruktur der aufgezählten NPO konzentrieren sich die nachfolgenden Ausführungen.

1.2.1 Entstehungshintergrund und Organisationsstruktur

Nachfolgend sollen die Motive der Entstehung und die organisatorische Aufbauorganisation der oben genannten Hilfsorganisationen aufgezeigt werden. Im Fortgang widmet sich der nächste Abschnitt zunächst dem UNICEF e. V.

1.2.1.1 Der UNICEF e. V.

Das Kinderhilfswerk UNICEF e. V. ist eine NPO der Vereinten Nationen. Ein zentrales Ziel der Vereinten Nationen liegt in der Förderung der wirtschaftlichen und sozialen Entwicklung von Nationen. Dies stellt ein Element der Absicht zur weltweiten Sicherung des Friedens dar [15]. Im Rahmen dieser Gesamtaufgabe ist zunächst die United Nations Relief and Rehabilitation Administration (UNRRA) im Jahr 1943 gegründet worden. Diese Organisation sollte das Flüchtlingsproblem infolge des Rückzuges der deutschen Armee ohne Beachtung der Herkunft bzw. Nationalität lindern. Zu humanitären Zwecken kam der UNRRA die Aufgabe zur Errichtung eines Systems funktional orientierter Hilfeleistungen [63]. Diese unpolitische NPO war jedoch durch Konflikte zwischen den Siegermächten aus Ost und West nach Ende des Zweiten Weltkrieges gekennzeichnet. Innerhalb der Mitgliedstaaten der Vereinten Nationen konnte auf Grund politischer Interessenskonflikte keine einvernehmliche Einigung dahingehend erzielt werden, wie ein Programm zum Aufbau kriegsgeschädigter Staaten zu konzipieren sei. In der Folge wurde die UNRRA aufgelöst. Allerdings konnten sich die Mitgliedstaaten der Vereinten Nationen darauf einigen, die durch die Auflösung frei gewordenen personellen und organisatorischen Ressourcen für Kinder zu nutzen. Im Dezember des Jahres 1946 wurde UNICEF gegründet, um als Teil der Vereinten Nationen eine Verbesserung der Lebensbedingungen für Kinder zu erreichen und ihnen internationale Nothilfe zu bieten [63].

Zur Finanzierung wurde ein Fonds für ein auf drei Jahre befristetes Kindernothilfewerk zur Unterstützung kriegsgeschädigter Kinder in Europa und Asien errichtet. HÜDEPOHL [59] beschreibt die Entwicklungen zur UNICEF-Gründungszeit:

„Die Hilfeleistung sollte sich nur an der Bedürftigkeit der Kinder, nicht an der Herkunft, der Rasse oder dem Glauben orientieren. Das unpolitische, humanitäre Mandat der Organisation wurde damit betont. Für diesen Auftrag sollten die vorhandenen Kapazitäten der UNRRA übernommen werden. Zusätzliche Mittel sollten durch freiwillige Beiträge jedweder Quelle bereitgestellt werden. Die Verpflichtung zur Minimierung der Kapazitäten des Fonds und zur Zusammenarbeit mit bestehenden Organisationen der Vereinten Nationen sollte die Entstehung einer großen, eigenen Bürokratie verhindern, die nach Ablauf des Mandats nur schwer wieder aufzulösen wäre. ... Mit einem Budget von 100 Mio. US-Dollar nahm UNICEF seine Tätigkeit noch im Dezember 1946 auf."

Im Jahr 1948 und den 1950er Jahren sendete UNICEF Schiffe von New York u. a. nach Hamburg. Lebensmittel, Kleidung und Arzneimittel wurden für Kinder im kriegszerstörten Europa bzw. in Deutschland bereitgestellt. Auch Standardausrüstungen im so genannten Hebammenkoffer waren Bestandteil der Hilfeleistung [106]. Es wurden Mahlzeitendienste in Europa eingerichtet und Rohmaterialien aus den USA an europäische Industrieunternehmen zur Weiterverarbeitung von Kleidungsstücken geliefert.

Im Zeitverlauf fand eine Erweiterung der Hilfsmaßnahmen auf die Kontinente Asien, China, Afrika und Lateinamerika statt, die sich insbesondere in der Unterstützung einer medizinischen Grundversorgung von Kindern widerspiegelte. Im Jahr 1950 wurde das UNICEF-Mandat um weitere drei Jahre verlängert und die Unterstützungsleistungen für Kinder auf Grund der positiven Wirtschaftsentwicklung Europas zunehmend auf die Entwicklungsländer dieser Erde verlagert.

Im Jahr 1953 wurde der auf drei Jahre befristete Status der Nothilfe auf ein permanentes Mandat beschlossen. Das Motiv dafür lag in der Erkenntnis, dass nur durch langfristige Hilfsmaßnahmen die Lebenssituation der Kinder weltweit zu verbessern wären. In der Folge erarbeitete UNICEF im Jahr 1978 in Zusammenarbeit mit der World Health Organization (WHO) in Alma-Ata das Primary Health Care (PHC)-Konzept, das eine Basisversorgung der gesamten Bevölkerung mit medizinischen Diensten gewährleisten sollte. Dieses Konzept basiert auf fünf Elementen und stellt die Eckpfeiler aller nationalen Entwicklungsmaßnahmen zur Gesundheitsversorgung dar [59].

Fünf Kernelemente wurden zur Zielerreichung einer bestmöglichen Gesundheitsversorgung beschlossen:

- eine Reduzierung der Ausgrenzung und sozialen Ungleichheiten im Gesundheitswesen (durch universelle, ganzheitliche Reformen);
- die Organisation von Gesundheits-Dienstleistungen rund um die menschlichen Bedürfnissen und Erwartungen (Dienstleistungs-Reform);

- die Integration des Gesundheitswesens in alle Sektoren hinein (öffentliche Reformpolitik)
- Fortsetzung der Arbeitskreise für den politischen Dialog (Reform der Führung); und
- die Ausweitung der Teilhabe vonseiten der Stakeholder [121].

UNICEF publiziert und praktiziert darüber hinaus Maßnahmen aus dem Programm ‚Child Survival and Development', das zur Gewährleistung des Überlebens von Kindern in Entwicklungsländern konzipiert worden ist.

Die NPO zielt mit diesem Programm darauf ab, mit möglichst einfachen Techniken und geringen monetären Mitteln die weltweit häufigsten Krankheits- und Todesursachen präventiv in Kooperation mit nationalen Regierungen zu bekämpfen [105].

Die Aussage zur Kooperation mit nationalen Regierungen deutet es an: UNICEF verfolgt zur Erfüllung seiner Aufgaben einen systematischen Ansatz. Zur Umsetzung differenzierter Projekte findet ein kooperatives Handeln zwischen UNICEF, lokalen Regierungsorganisationen des zu unterstützenden Landes und weiteren Partnerorganisationen statt. Alle Programme sind Bestandteil eines strategischen Plans, der in einem fünfjährigen Turnus festgelegt und einem permanenten Monitoring hinsichtlich der Wirkung bzw. erzielter Erfolge unterzogen wird [104]. Als Initialzündung für die Aufnahme der Hilfsprojekte dienen Kennzahlen zur Sterblichkeitsrate bei unter fünfjährigen Kindern, der Anteil unter 18-Jährigen der Gesamtbevölkerung eines Entwicklungslandes sowie das Bruttonationaleinkommen [97].

8 000 ehrenamtliche UNICEF-Mitarbeiter sind in etwa 150 Ländern tätig. Im Jahr 2010 beschäftigte UNICEF Deutschland darüber hinaus etwa 96 hauptamtlich Tätige [98]. Das jeweilige UNICEF-Länderbüro erarbeitet mit der Regierung des Landes ein spezifisches Länderunterstützungsprogramm, das auf fünf Jahre ausgerichtet ist. Der UNICEF-Verwaltungsrat und die Hauptverwaltung von UNICEF International in New York muss das spezifische Länderprogramm begutachten, genehmigen und kontrollieren. Die grundsätzliche Struktur der UNICEF International konstituiert sich wie nachfolgend überblickartig skizziert [96]:

- Die Europazentrale am Standort Genf definiert Grundsätze und Richtlinien für die nationalen UNICEF-Komitees und berät diese. Weiterhin erhält sie permanent bedeutende Entwicklungen und die operativen Kennzahlen.
- Als exemplarisches Komitee dient die Geschäftsstelle UNICEF e. V. am Standort Köln. Dort wird u.a. der Jahresabschluss geprüft, und es werden die Voraussetzungen für die Gemeinnützigkeit mit der Kölner Finanzbehörde be-

sprochen. Zudem wird dort der Vorstand von der Mitgliederversammlung gewählt, die Geschäftsführung bestellt und der Haushalt beschlossen. Auch der Wirtschafts- und Investitionsausschuss ist in Köln ansässig und führt u. a. die Innenrevision durch. Experten in weltweit errichteten UNICEF-Länderbüros übernehmen die Kontrolle und Überprüfung des Status Quo und der Fortschritte bei den Hilfsprojekten. Dazu zählt insbesondere die Kontrolle der verwendeten Mittel der Akteure vor Ort [98]. Alle Ergebnisse aus den Projekten berichten die Länderbüros an den UNICEF Deutschland e. V.

Als weitere NPO steht die Deutsche Welthungerhilfe e. V. im Fokus.

1.2.1.2 Deutsche Welthungerhilfe e.V.

Die Entstehung dieser NPO geht auf die Initiative Food and Agriculture Organization (FAO) der Vereinten Nationen zurück. Hier wurde zu Beginn der 1960er Jahre die globale Kampagne „Freedom from Hunger" initiiert. Dieser globale Aufruf zur Bekämpfung von Hunger und Armut ließ in zahlreichen Staaten NPO entstehen. In Deutschland entstand im Jahr 1962 in diesem Zusammenhang die Deutsche Welthungerhilfe e. V. am Standort Bonn [4]. Die Deutsche Welthungerhilfe e. V. [20] beschreibt die Gründung dieser Organisation folgendermaßen: „In Deutschland nahm diese Idee eine konkretere Form an. Auf Initiative des damaligen Bundespräsidenten.. wurde 1962 ein Komitee gegründet, der ‚Deutsche Ausschuss für den Kampf gegen den Hunger'. Dieser nahm 1967 die Form eines Vereins an: Die Deutsche Welthungerhilfe e. V. Seit dieser Zeit hat der Bundespräsident die Schirmherrschaft inne. Die breite Verankerung spiegelt sich bis heute in der Organisationsstruktur der Welthungerhilfe: zu den Mitgliedern gehören die Bundestagsfraktionen, die Kirchen und großen Verbände."

Weltweit engagiert sich diese NPO mit etwa 2 760 Mitarbeitern und 115 Kooperationspartnern [21]. Die zum Großteil ehrenamtlichen Mitarbeiter sammeln Spenden, koordinieren logistische Abläufe und leisten Soforthilfe nach Katastrophen und Krisen [23].

Organisatorisch liegt der deutschen Welthungerhilfe folgender Aufbau zugrunde:

Der Bundespräsident nimmt die Position des Schirmherren ein. Die Richtlinien über die Aktivitäten der NPO und die Wahl des aus sieben Personen bestehenden Präsidiums obliegt der Mitgliederversammlung.

Diese beschließt auch den Wirtschaftsplan und erteilt dem Jahresabschluss auf Basis eines Wirtschaftsprüfungsberichtes seine Genehmigung [24]. Das ehrenamtlich agierende Präsidium übernimmt eine beratende und kontrollierende

Funktion gegenüber dem Vorstand. Es repräsentiert die NPO nach außen, und trifft Entscheidungen über Strategien zu entwicklungspolitischen Grundsatzpositionen und hinsichtlich der Grundsätze zur Förderung von Projekten. Die Leitung der NPO obliegt einem dreiköpfigen, hauptamtlichen Vorstand. Dieser setzt sich aus einem Generalsekretär, einem Vorstand für die Hilfsprogramme sowie einem Vorstand für den Bereich Marketing zusammen [25].

Die Organisation wird durch einen ehrenamtlichen, zwanzigköpfigen Gutachterausschuss und einem ebenfalls ehrenamtlichen 25-köpfigen Kuratorium komplettiert. Der Gutachterausschuss berät Vorstand und Präsidium in Fragen der Förderwürdigkeit und Programmpolitik bestimmter Projekte, und verfasst in diesem Zusammenhang Gutachten und Kommentare für anstehende Projekte in Gestalt eines Kurz-Exposés [26].

Das Kuratorium konstituiert sich aus Persönlichkeiten des öffentlichen Lebens. Die Aufgabe dieser Institutionen ist eine beratende Tätigkeit zur Gewährung einer bestmöglichen Qualitätssicherheit der weltweit praktizierten Projekte. Das Kuratorium berät Vorstand und Präsidium vorrangig zu Aspekten der Werbung und Öffentlichkeitsarbeit [27].

Auf die NPO Misereor e. V. konzentrieren sich die Inhalte des folgenden Abschnittes.

1.2.1.3 Der MISEREOR e. V.

Beim Misereor e. V. handelt es sich um ein bischöfliches Hilfswerk der katholischen Kirche in Form eines eingetragenen Vereins mit Sitz in Aachen. Darüber hinaus gibt es Arbeitsstellen in Bayern und Berlin. Seit dem Jahr 1958 hat diese NPO bereits mehr als 90 000 Projekte bearbeitet. Der zentrale Auftrag besteht in der weltweiten Unterstützung armer Menschen gemeinsam mit regionalen Partnerorganisationen. Tätig wurde der Misereor e. V. bisher vor allem in Afrika, Asien, Ozeanien und den Staaten Lateinamerikas [70].

Die unterstützenden Projekte fokussieren sich vorrangig auf die Bedürfnisse der kirchlichen Kooperationsorganisationen in den angeführten Staaten. Die Leistung „...beinhaltet die Gewährung finanzieller Mittel, Beratung und Erfahrungsaustausch, Projektbegleitung, Auswertung durchgeführter Maßnahmen sowie Beistand für Partner, die in unmittelbare Bedrängnis geraten sind" [73].

Die Entstehung des kirchlichen Hilfswerkes geht auf den 76. Katholikentag in der deutschen Stadt Fulda zurück. Auf diesem wurde die Gründung einer Institution zur Schulung und Fürsorge von Laienkräften in Entwicklungsländern gefordert. Im Jahr 1955 rief die Weltunion katholischer Frauenverbände und die Internationale Pax Christi Bewegung zu Aktivitäten gegen Hunger auf. In der Folge wurde im Jahr 1956 von diesen Bewegungen erstmals in Westdeutschland systematisch um finanzielle Zuwendungen u. a. für Hungernde gebeten [71].

Der Organisation steht ein geschäftsführender Vorstand vor, der sich aus drei Personen zusammensetzt. Hierarchisch darunter positionieren sich die Geschäftsbereiche für internationale Zusammenarbeit, Inland und Verwaltung, die z. T. auf weitere Stabsstellen zur Beratung zurückgreifen können. Bei den Mitarbeitern der Geschäftsstellen handelt es sich um hauptamtliche und ehrenamtliche Facharbeiter mit unterschiedlichen Kompetenzen. „Sie prüfen Projektanfragen, beraten und begleiten Partner bei der Projektdurchführung. Sie garantieren die sachgerechte Verwendung der Finanzmittel. Sie verleihen den Armen des Südens eine Stimme in Deutschland, informieren Menschen in Deutschland und werben um Spenden" [71].

Im Fortgang setzen sich verschiedene Abschnitte mit den konkreten Tätigkeitsbereichen der vorgestellten NPO auseinander.

1.2.2 Tätigkeitsbereiche

Nach eingehender Betrachtung der Entstehung sowie der Organisationsstruktur der ausgewählten drei Hilfsorganisationen richtet sich nachfolgend der Fokus nun auf die Tätigkeiten. Dafür beginnt der nächste Abschnitt zunächst erneut mit einer Erörterung des UNICEF e. V.

1.2.2.1 Der UNICEF e. V.

Die Erläuterung der frühen Hilfsaktionen von UNICEF im Abschnitt 1.2.1.1 verdeutlicht, dass diese Organisation staatliche Aufgaben der Allokation übernommen hat. Das fehlende staatliche Handeln basierte zunächst auf dem Zusammenbruch staatlicher Organisationen infolge des Zweiten Weltkrieges. Nach dieser Zeit und auch im Jahr 2011 übernimmt UNICEF Allokationsaufgaben in Gestalt vielfältiger und differenzierter Projekte in Entwicklungsländern, sofern dort die zuständigen politischen Entscheidungsträger versagen. Die dabei stets zugrunde liegenden Ziele sind

- die Beseitigung von Hunger und Armut
- die Gewährleistung einer Grundschulausbildung für alle Kinder
- die Förderung von Gleichstellung und Einfluss der Frauen
- die Senkung der Kindersterblichkeit
- die Verbesserung der Gesundheit von Müttern

- die Bekämpfung bestimmter Krankheiten
- die Gewährleistung einer nachhaltigen Umwelt, sowie
- die Schaffung einer globalen Partnerschaft zur Entwicklung [107].

Auf die Erreichung dieser Ziele haben sich alle 191 Staaten der Vereinten Nationen verpflichtet [107]. Die zur Projektunterstützung erforderlichen Mittel resultieren aus der Bereitstellung von Geldern insbesondere durch Fördermitglieder, Spenden und Einnahmen aus dem Vertrieb von Grußkarten [99]. 92,5 Mio. Euro hat UNICEF Deutschland im Jahr 2010 durch Spendengelder und den Grußkartenverkauf eingenommen. Für die weltweiten Projekte zur Nothilfe und nachhaltigen Entwicklungsarbeit wurden 77,5 Mio. Euro zur Verfügung gestellt. Etwa 15 Prozent entfielen auf Verwaltungskosten [100].

Als Grundlage für die operativen Programme dienen im Jahr 2011 fünf Schwerpunkte, deren übergeordneter Bezugsrahmen das Übereinkommen über Kinderrechte der Vereinten Nationen darstellt [13]:

1. *Sicherung des Überlebens von Kindern*
   UNICEF unterstützt in rund 100 Ländern Trinkwasser- und Hygieneprogramme und unterstützt Gesundheitshelfer durch Schulungen.
2. *Bildung*
   UNICEF unterstützt die schulische Einrichtung sowie den Wiederaufbau zerstörter Klassenzimmer. Weiterhin werden Lehrer und Schulleiter geschult und Lehrmaterial bereitgestellt.
3. *Kinderschutz*
   UNICEF organisiert medizinische und psychologische Hilfe für die Opfer. Eine wichtige weitere Aufgabe ist es, Aufklärung über Ausbeutung und Missbrauch zu betreiben und die zuständigen Regierungen zu einer nachhaltigen Verfolgung aufzufordern.
4. *Kampf gegen HIV und AIDS*
   UNICEF berät vor allem Mütter und stellt spezielle Medikamente zur Verfügung, um die Mutter-Kind-Übertragung schwerer Krankheiten einzudämmen. Weiterhin wird Kindern, die ihre Eltern durch solche Krankheiten verloren haben, geholfen.
5. *Lobbyarbeit für Kinderrechte*
   UNICEF setzt sich gemeinsam mit deutschen Partnern für Themen wie Kinderarmut ein [101].

1.2.2.2 Deutsche Welthungerhilfe e.V.

Im Jahr 2010 standen der Deutschen Welthungerhilfe 216,3 Mio. Euro zur Ausübung ihrer Tätigkeiten bereit. Diese Summe konstituierte sich zum einen aus Spenden in Höhe von 76,2 Mio. Euro. Die verbleibende Summe setzte sich aus öffentlichen Mitteln wie beispielsweise dem Welternährungsprogramm, Geldern der EU-Kommission sowie Mitteln des Bundesministeriums für wirtschaftliche Zusammenarbeit und Entwicklung zusammen. 6,3 Prozent wurden für Verwaltungskosten und Werbemaßnahmen investiert. Der Großteil des Geldes floss in 328 Projekte in 38 Staaten und in Deutschland. Die Projekte konzentrieren sich auf folgende Themen:

- Bekämpfung der globalen Hungerkrise
  Der Deutsche Welthungerhilfe e.V. bringt unabhängige Zielvorgaben für Regierungen in die Diskussion und drängt auf ihre Umsetzung und Einhaltung. Zudem stellt er ein Netz nichtstaatlicher Partner zur Verfügung, auf die in der Entwicklungszusammenarbeit zurückgegriffen werden kann.
- Hilfe bei Naturkatastrophen und militärischen Konflikten
  Die Deutsche Welthungerhilfe leistet zum einen Soforthilfe, zum anderen eine langfristig angelegte Hilfe zum Wiederaufbau der Lebensgrundlagen für die Opfer.
- Hilfe bei Klima-Katastrophen
  Im Falle von Brandstiftungen wird bei der Bewachung neu bepflanzter Gebiete geholfen; nach Unwetter-Katastrophen werden Schulungen für die Bauern angeboten, um Erosionen und Überschwemmungen zu reduzieren.
- Hilfe bei fehlendem Trinkwasser
  Die Deutsche Welthungerhilfe unterstützt Menschen dabei, ihre Wasserquellen zu sichern und ihre Sanitärversorgung zu verbessern [22].

Abschließend zur Darstellung der Tätigkeitsbereiche der in dieser Arbeit behandelten NPO wird im Fortgang auf Projekte des Hilfswerkes Misereor eingegangen.

1.2.2.3 Der MISEREOR e.V.

Die NPO generierte im Jahr 2010 Gesamteinnahmen in Höhe von 194,3 Mio. Euro. Dieser Betrag setzt sich aus Spendengeldern in Höhe von 77 Mio. Euro, 103,8 Mio. Euro aus Zahlungen des Staates und 17,5 Mio. Euro aus der Fastenkollekte aller katholischen Kirchengemeinden zusammen [72].

Die Tätigkeitsbereiche dieser kirchlichen NPO sind vielfältig. Im Portfolio zur Unterstützung von Menschen befinden sich u. a.

a) *Projektpartnerschaften*
   Bei dieser Variante werden Spenden zweckgebunden verwendet. Die monetäre Mittel bereitstellende Person wählt ein bestimmtes Projekt aus, das es unterstützen möchte. Ausschließlich zu diesem Projekt erhält die Person personalisierte Informationen, um Transparenz zu schaffen. Die NPO Misereor e. V. und die afrikanische Partnerorganisation VOZAMA[3] geben den Einwohnern Hilfestellung bei der Errichtung von Bildungseinrichtungen [69].
b) *Nothilfe und Wiederaufbau*
   Hier stellt der Misereor e. V. Hilfe für Menschen in und nach Katastrophen bereit [76].
c) *Die ökumenische Aktion „Miteinander Teilen"*
   Als Projektträger und beratender Partner ökumenisch arbeitender Gruppen in Entwicklungsländern bzw. in der Dritten Welt agiert MISEREOR gemeinsam mit dem Hilfswerk Brot für die Welt [68].

1.3 Armut, Hunger, Unterernährung

Viele NPO, so auch die drei bereits beschriebenen Organisationen, versuchen Tag für Tag, Armut, Hunger und Unterernährung in der ganzen Welt zu bekämpfen und zu reduzieren. Doch um was geht es bei diesen Begrifflichkeiten eigentlich? Was verbirgt sich wirklich hinter diesen Bezeichnungen? Diese Fragen sollen im Folgenden behandelt werden.

▶ **Armut** Zum Begriff „Armut" ist in der einschlägigen Fachliteratur eine eindeutige Begriffsbestimmung nicht vorhanden. Viele Parameter zur Berechnung von Armut stellen lediglich auf die Einkommensverhältnisse der betroffenen Person, Zielgruppe oder auch einer ganzen Volkswirtschaft ab. Die Weltbank mit Sitz in Washington D. C. beschreibt in diesem Zusammenhang 2,8 Milliarden Menschen weltweit, die von weniger als zwei US-Dollar pro Tag leben müssen. Die

---

3 Übersetzt bedeutet VOZAMA „Retten wir die kleinen Kinder Madagaskars". Dabei handelt es sich um eine im Jahr 1995 gegründete Alphabetisierungsbewegung zur Abmilderung von Armut und Analphabetismus. Neben der Unterstützung zur Erreichung einer elementaren Bildung befasst sich die Organisation mit Kinder- und Frauenrechten, Elternarbeit, Gesundheit und Schutz der Umwelt.

ärmsten 20 Länder der Welt hätten lediglich 2,7 % des durchschnittlichen Einkommens der reichsten 20 Länder zur Verfügung [114].

Demgegenüber ist der Begriff „Hunger" relativ klar beschreibbar. Die wohl seriöseste und allgemein anerkannteste Definition findet sich in den Veröffentlichungen der Welternährungsorganisation FAO:

▶ **Hunger** Chronisch hungrige Menschen sind unterernährt. Sie essen nicht genug, um die benötigte Energie für ein aktives Leben zu bekommen. Im Durchschnitt benötigt ein Mensch etwa 1 800 kcal pro Tag als Minimum an Energiezufuhr [39].

Demgegenüber beschreibt die italienische Organisation WFP in ihrer Definition eine mindeste Kalorienzufuhr von 2 100 kcal pro Tag.

Der menschliche Körper kompensiert die fehlende Energie, indem er seine physischen und mentalen Aktivitäten herunterfährt. Ein hungriger Mensch kann sich nicht konzentrieren; ein hungriger Körper ergreift nicht die Initiative; ein hungriges Kind verliert jegliches Verlangen zu spielen und zu lernen. Hunger schwächt zudem das Immunsystem. Aktuell bekommt fast jeder sechste Mensch nicht genügend Nahrung, um ein gesundes und aktives Leben führen zu können. Damit sind Hunger und Unterernährung das größte Gesundheitsrisiko weltweit – größer als AIDS, Malaria und Tuberkulose zusammen [119].

Hintergrundinformation

Die Redakteurin D $_{\text{ILG}}$ [34] vom Südwestdeutschen Rundfunk beschreibt in ihrem mit dem Medienpreis Entwicklungspolitik ausgezeichneten Online-Beitrag, auf welche Weise Hunger dem menschlichen Körper schadet:

1. *Hunger hat Folgen für Gehirn und Psyche*
   Chronischer Hunger bewirkt Kopfschmerzen, Schwindel, Müdigkeit und Schlaflosigkeit, vermindert die Konzentrations- und Leistungsfähigkeit, schafft Antriebsarmut, Teilnahmslosigkeit bis hin zur Depression.
2. *Hunger hat Folgen für Haut und Haare*
   Chronischer Hunger bewirkt, dass das Kopfhaar ausfällt, der Hungernde Blutungen und Hautentzündungen bekommt und eine schlechtere Wundheilung hat. Außerdem nimmt die Barrierefunktion der Haut ab, so dass Krankheitserreger leichter eindringen können.
3. *Hunger hat Folgen für Augen, Mund und Zähne*
   Chronischer Hunger verschlechtert das Sehvermögen und schädigt irrever-

sibel die Hornhaut bis zum Erblinden. Im Mund und Rachenraum besteht das vermehrte Risiko, dass die Schleimhäute bluten, sich das Zahnfleisch entzündet und die Zähne ausfallen.

4. *Hunger hat Folgen für die Muskulatur*
   Chronischer Hunger verursacht Muskelschwund durch den Mangel an Eiweiß, verringert die Leistungsfähigkeit und fördert die Gewichtsabnahme.
5. *Hunger hat Folgen für den Blutkreislauf und das Immunsystem*
   Chronischer Hunger erhöht die Blutungsneigung und fördert Blutergüsse, sorgt für eine schlechtere Blutgerinnung und schwächt das Immunsystem, wodurch Infektionen – vor allem bei Kindern – häufig tödlich enden.
6. *Hunger hat Folgen für die Lunge*
   Chronischer Hunger verringert die Lungenbläschen, baut die Lungen- und Zwerchfell-Muskulatur ab, verkürzt und schwächt die Atemwege und verursacht Atemnot und lebensgefährliche Lungenentzündungen.
7. *Hunger hat Auswirkungen auf das Herz*
   Chronischer Hunger bewirkt die Abnahme der Herzmuskelmasse, verursacht Muskelfaserrisse und Herzrhythmusstörungen, erweitert krankhaft die Herzkammern, und kann bis zum Tod durch Herzschwäche führen.
8. *Hunger hat Auswirkungen auf Magen und Darm*
   Chronischer Hunger führt zu einer Verlangsamung der Verdauung und einer reduzierten Salzsäure-Bildung im Magen, wodurch Bakterien weniger effektiv bekämpft werden. Die Darmzotten schrumpfen, so dass Nährstoffe schlechter aufgenommen werden. Durch die Schwächung des Immunsystems steigt das Risiko, dass Durchfallerkrankungen tödlich enden.
9. *Hunger hat Auswirkungen auf die Leber*
   Chronischer Hunger bewirkt eine Abnahme der Zellmasse, vermindert den Abbau von Giftstoffen, stört den Fettstoffwechsel und führt zu Leberschwäche oder gar -versagen.
10. *Hunger hat Auswirkungen auf Knochen und Gelenke*
    Chronischer Hunger verursacht Gelenkentzündungen, vermindert die Knochendichte – und erhöht damit das Risiko für Osteoporose oder gar Knochenbrüche. Brüche heilen und wachsen langsamer, und es können Blutungen unter der Haut entstehen, die starke Schmerzen hervorrufen. Bei Kindern kann es sogar zum Wachstumsstillstand kommen.
11. *Hunger hat Auswirkungen auf Mütter und ihre Kinder*
    Chronischer Hunger verlängert Wehen, fördert Blutungen und Infektionen und erhöht das Risiko von Fehl- und Totgeburten. Säuglinge leiden unter einem zu niedrigen Geburtsgewicht und es können Lähmungserscheinungen der unteren Körperhälfte auftreten. Hunger ist eine mögliche Ursache

für Minderwuchs und Zwergenwuchs, Schwerhörigkeit, Sprachstörungen und verminderte geistige Entwicklung.

Abbildung 1.3 zeigt in Form einer Weltkarte, welche Länder in welcher Stärke durch chronischen Hunger bedroht sind. Dabei wird ein Wert unter 5 % als extrem niedrig, hingegen ein Wert oberhalb von 35 % als extrem hoch bewertet (siehe nächste Buchseite).

In vielen Entwicklungsländern befinden sich die Bauern in einer regelrechten *Armutsfalle:* Sie können sich häufig noch nicht einmal das Saatgut leisten, um genügend Getreide für den Eigenbedarf anbauen und ernten zu können. Facharbeitern fehlen die Mittel, um Erntegeräte kaufen zu können. Die von Armut Betroffenen haben oft nicht genügend Geld, um ausreichend Nahrung für sich und ihre Familien kaufen oder produzieren zu können. Dadurch werden allerdings auch ihre Körperfunktionen schwächer, was sich wiederum negativ auf ihre Produktivität auswirkt. Kurzum, die Armen haben Hunger, und durch ihren Hunger verschärft sich ihre Armut.

Hinzu kommt außerdem eine oftmals mangelnde landwirtschaftliche Infrastruktur, die sich z. B. in zu wenigen Straßen, Lagermöglichkeiten oder mangelnder Bewässerung niederschlägt. Mangelhafte Bewirtschaftungspraxis, Abholzungen oder Überweidungen mergeln die Fruchtbarkeit dieser Ländereien aus und vergrößern die Wurzeln des Hungers. Fruchtbares Ackerland wird dadurch immer mehr erodiert, versalzt und es bildet sich Wüste [118].

Die Karte aus Abbildung 1.3 hat anschaulich gezeigt, dass neben Ländern wie Bolivien, der Mongolei, Indien und Pakistan vor allem viele afrikanische Länder von Unterernährung betroffen sind.

Dabei definiert die FAO den Begriff „Unterernährung" wie folgt:

▶ **Unterernährung** Unterernährung ist das Ergebnis eines für längere Zeit niedrigen Niveaus der Nahrungsaufnahme und/oder des niedrigen Nahrungskonsums. Unterernährung ist im Allgemeinen auf ein Defizit von Energie (Protein und Energie) bezogen, kann aber auch mit Vitamin- und Mineralien-Defiziten in den Zusammenhang gebracht werden [39].

Die Unterernährung ist eine Form der Mangelernährung. Gemäß des UN's Standing Committee on Nutrition (SCN) ist die Mangelernährung die größte Einzelursache für Krankheiten, aber auch für die mentale Hemmung sowie Hirnschäden.

WFP weist ausdrücklich darauf hin, dass die ersten zwei Lebensjahre das „Fenster der Möglichkeiten" bedeuten, um frühkindlicher Unterernährung vorzubeugen – und damit großen, irreversiblen Schäden [120].

Armut, Hunger, Unterernährung 43

Abbildung 1.3 Die Weltkarte des Hungers 2011

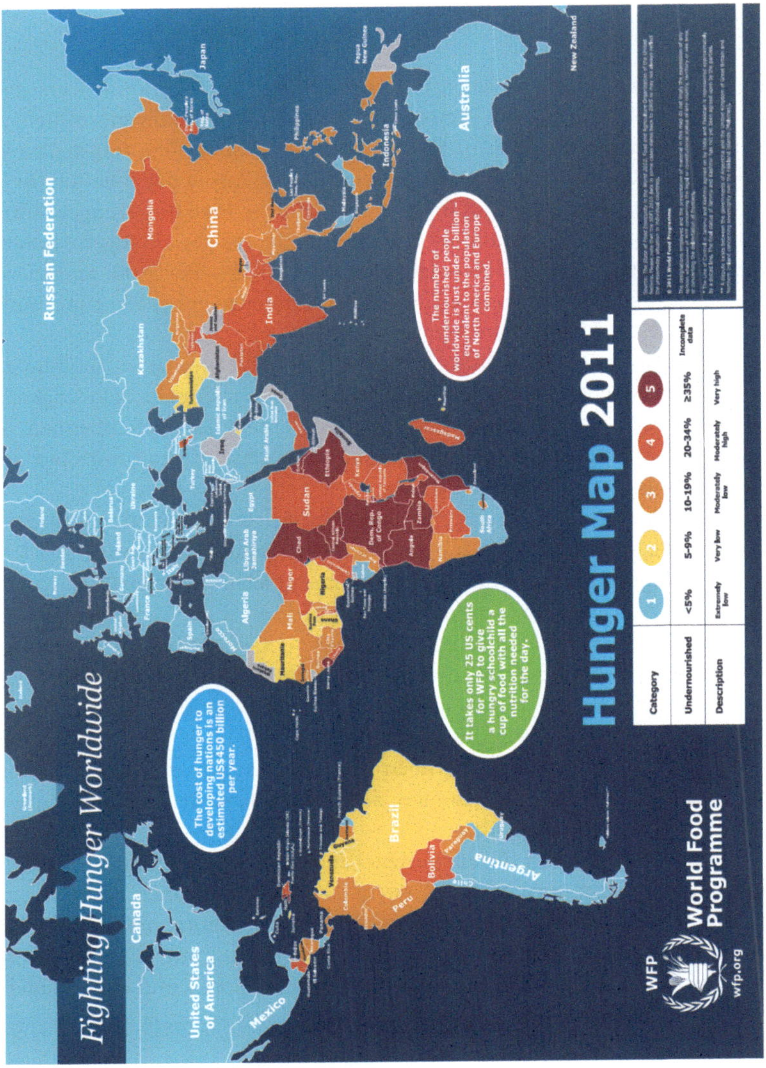

Quelle: [117]

1.4 Steigende Agrarprodukt-Preise als Herausforderung für Non-Profit-Organisationen

„Die Kunst des schönen Gebens wird in unserer Zeit immer seltener, in demselben Maße, wie die Kunst des plumpen Nehmens, des rohen Zugreifens täglich allgemeiner gedeiht".

(Heinrich Heine)

Seit geraumer Zeit wird in vielen unterschiedlichen Medien kontrovers diskutiert, welche Faktoren für die Preisentwicklung bei Grundnahrungsmitteln verantwortlich sind. Dazu stellt SCHUMANN [89] im foodwatch-Report fest, dass Weizen, Mais und Reis im weltweiten Durchschnitt nach Abzug der Inflation im Jahr 2011 150 Prozent teurer waren als im Jahr 2000. Solche Preissteigerungen führten in Ländern wie Ägypten, Haiti oder auch Indonesien zu gewalttätigen Hungerrevolten, Demonstrationen und sozialem Aufruhr [28]. Die Weltbank schätzt, dass zusätzlich 44 Mio. Menschen nur durch einen Preisanstieg bei Nahrungsmitteln nach der Krise 2008 in absolute Armut fielen [114].

Der aktuelle „Food Price Index" der FAO (United Nations) in Abbildung 1.4 zeigt deutlich, welchen Preisschwankungen und -entwicklungen Nahrungsmittel vor allem seit dem Jahr 2007 ausgesetzt sind. Außerdem lässt sich erkennen, dass die Nahrungsmittelpreise Ende 2010 den bisher höchsten Stand mit etwa 230 % des Niveaus aus 2002–2004 erreicht haben.

Zumindest vergrößern Preissteigerungen in vielen Ländern der Welt die Armut und verschlimmern den Hunger. Dadurch können insbesondere bei Kindern langfristige, unwiderrufliche Entwicklungsschäden auftreten [113]. Kurzfristig profitieren zunächst die Bauern durch den Mehrerlös der Verkaufspreise, und diese Bauern gehören nicht zu den Ärmsten der Armen. Zudem kaufen die ärmsten Menschen gewöhnlicherweise mehr Nahrung als sie wieder verkaufen. Auf diese Weise neigen hohe Nahrungsmittelpreise dazu, Armut, Nahrungs-Ungewissheit und Mangelernährung zu verschlimmern [38].

Dieser Abschnitt skizziert in groben Zügen die Argumente zweier Parteien: Zum einen die der Hilfsorganisationen, zum anderen die der Finanzakteure wie Hedgefonds und Geschäftsbanken.

Dass mehrere Faktoren für die Verteuerung einiger Grundnahrungsmittel ursächlich sind, scheint unbestritten. GERTH/DOLL [44] benennen unter anderem Wettereinflüsse, Exportverbote und die Verbreitung von Biotreibstoffen als Hauptursachen. Dabei belegen sie die Phasen des Preisanstieges mit entsprechen Ereignissen und stellen eine Korrelation zwischen dem Maispreis und der Produktion von Bioethanol dar, wie Abbildung 1.5 aufzeigt.

Armut, Hunger, Unterernährung

Abbildung 1.4 FAO Food Price Index

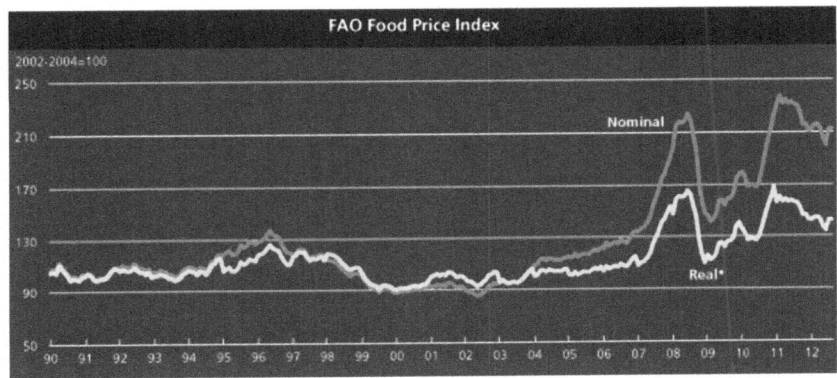

*Der Realpreis-Index ist der Nominalpreis-Index abzüglich Inflation gem. „Manufactures Unit Value Index" (MUV) der Weltbank

Quelle: [37]

Abbildung 1.5 Wettereinflüsse, Exportverbote und Biotreibstoffe als Preistreiber für Agrar-Rohstoffe

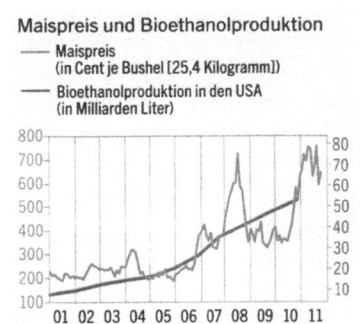

Quelle: [93]

Abbildung 1.6 Monatliches Volumen der Termingeschäfte, 2002–2011

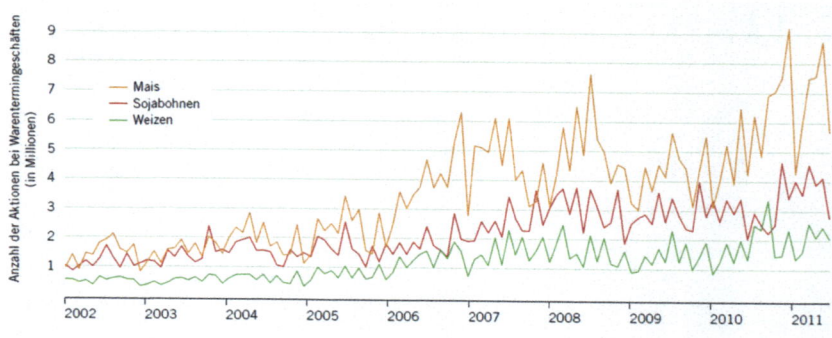

Quelle: [28]

Ebenso kommt der WELTHUNGER-INDEX [28] zu einem gleichen Ergebnis. Unterschiedlicher Auffassungen sind beide Parteien im Hinblick darauf, dass auch Spekulanten für die Preissteigerungen und die Preisvolatilität verantwortlich sein sollen.

Zunächst ist ein kontinuierlicher Anstieg von Termingeschäften innerhalb der letzten neun Jahre objektiv feststellbar, wie Abbildung 1.6 anschaulich aufzeigt.

Zugang zu solchen Investments bieten auch einige deutsche Geschäftsbanken, wie z. B. die Commerzbank AG. Neben institutionellen Investoren werden gezielt auch Kleinanleger für Rohstoff-Spekulationen geworben. Der Handel auf Basis eines Online-Tools ist auf der Website der Geschäftsbank für jedermann zugänglich.

PAULSEN [81] führt den Begriff des „Indexspekulanten" ins Feld. Dieser investiere in Anlageportfolien, die die am Markt gehandelten Mengen wie in einem Index abbilden. Der Investor setze bei insgesamt steigenden Preisen in einer Anlageklasse dabei auf sichere Gewinne.

Fraglich bleibt in diesem Zusammenhang, ob ein zusätzliches Engagement der Kapitalanleger auch zu Preisniveauerhöhungen respektive einer höheren Preisvolatilität führt, wie Abbildung 1.7 auf der nächsten Buchseite darstellt.

Hierzu bezieht der Bremer Hochschulprofessor Dr. BASS [9] im Rahmen einer Auftragsstudie Position. Er errechnete, dass das Engagement der Kapitalanleger auf den Getreidemärkten zwischen 2007 und 2009 im Jahresdurchschnitt zu einem Spielraum für Preisniveauerhöhungen von bis zu 15 Prozent gegenüber einem Referenzwert führte. Dieser Referenzwert wurde zuvor über einen längeren Zeitraum hinweg bestimmt.

Abbildung 1.7 Online-Handel mit Weizen über die Commerzbank AG

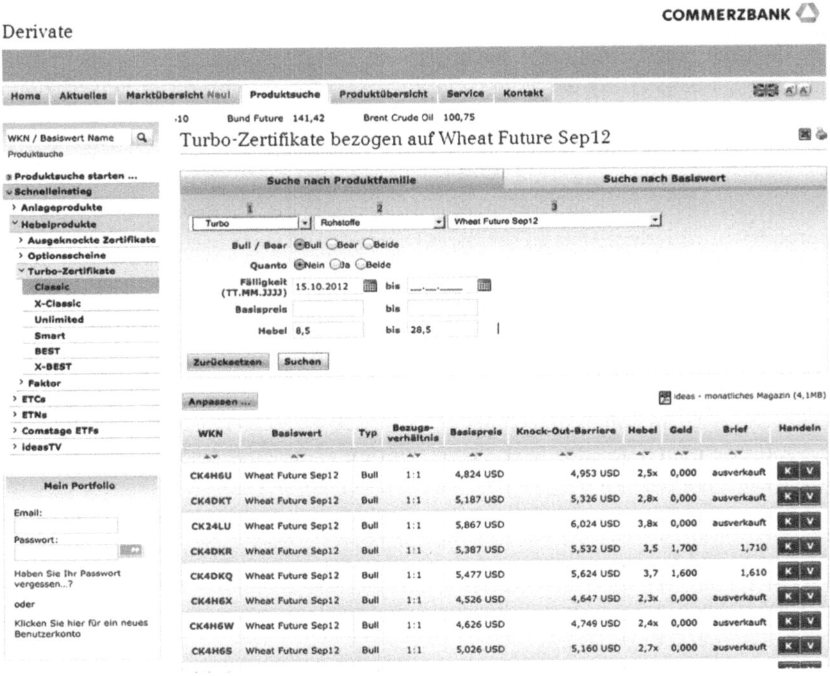

[Screenshot of Commerzbank Derivate online trading interface for Turbo-Zertifikate bezogen auf Wheat Future Sep12]

Quelle: [16]

Foodwatch kritisiert, dass Investoren aufgrund ihrer Marktmacht eine scheinbar zusätzliche Nachfrage nach Rohstoffen schafften. Diese führe zu höheren Rohstoffpreisen, als diese ohne die Investments gewesen seien [89]. Demgegenüber argumentiert der Agrarökonom Witzke, „Landwirte könnten sich nur dann gegen Preisrisiken absichern, wenn Finanzinvestoren auf der Gegenseite in die andere Richtung wetten" [44]. Diese Aussage entspricht der sog. „Lagerthese" des Ökonoms Paul Krugmann. Auf Basis dieser wirtschaftswissenschaftlichen Logik verändern sich die Mengen der physischen Agrarrohstoffe durch die Aktivität der Finanzakteure nicht [83]. Dem widerspricht der US-amerikanische Fondsmanager George Soros: Die Erwartungen der Spekulanten und ihre Wetten auf Futures trieben die Preise nach oben, und ihr Geschäft verzerre die Preise, was sich vor allem auf Rohstoffe auswirke. Es sei damit vergleichbar, Nahrung inmitten einer Hungersnot zu horten, nur um Gewinne durch steigende Preise zu erwirtschaften [91].

Ein weiterer Aspekt, der die These Krugmanns relativiert, ist, dass der typische Indexspekulant langfristig steigende Preise erwartet und daher kurzfristige Preisschwankungen ignoriert. Dadurch kauft dieser stets neue Kontrakte ein und übt dadurch eine permanente Nachfrage aus [81]. MÜLLER [77] ergänzt hierzu, dass die Globalisierung der Finanzmärkte zu einem extremen Herdenverhalten der Marktteilnehmer geführt habe. „Die Käufe des einen Investors ziehen weitere Käufe anderer Investoren und Trittbrettfahrer nach sich" [77].

GERTH und DOLL [44] sind der Meinung, die Terminmarktpreise folgten den Preisen der Realwirtschaft, und nicht umgekehrt. Diese These wird allerdings dadurch leicht widerlegt, dass es sich kein Händler auf Dauer leisten kann, deutlich niedrigere Preise als die gegebenen Future-Preise zu verlangen [77]. „Für einen Getreideproduzenten wäre es ökonomisch unsinnig, Ware signifikant billiger anzubieten als zum Preis der Futures, die ihm diese Finanzinstrumente für einen Zeitraum von einem oder zwei Monaten im Voraus garantieren. Genauso wenig macht es für einen Getreideverarbeiter Sinn, Ware in der Gegenwart teuer zu kaufen, wenn er sie in nahe Zukunft billiger beziehen kann" [89]. Folgten die Terminmarktpreise denen der Realwirtschaft, „würden andere die Differenzbeiträge via Arbitrage[4] einkassieren" [77].

Auch eine Beeinflussung der Preisvolatilität durch die Finanzmarktakteure kann angenommen werden. BASS [9] beobachtete in seiner Studie, dass die kurzfristigen Preisschwankungen seit dem Jahr 2000 zugenommen haben. Dies unterstreicht auch Abbildung 1.8, die eine Zunahme von „Extremausschlägen" beim Weizenpreis erkennen lässt.

Ein weiterer Faktor, der die Rohstoffpreise steigen lässt, ist die Rohstoff-Hortung vonseiten der Produzenten und Handelsunternehmen. „„Wie viel weltweit in den Getreidesilos gebunkert wird, lässt sich nur abschätzen', sagt Fondsmanager Oberbannscheidt. Es sei nicht ungewöhnlich, dass Behörden ihre Schätzungen für Getreidevorräte oder Ernten innerhalb weniger Wochen um mehrere Millionen Tonnen korrigieren" [44]. Der Grund für die Einlagerung ist, dass jeder höhere Preise erwartet; eine Erwartung, die an sich das Ergebnis zukünftiger Preise ist; aufwärts getrieben durch Spekulationen zwischen Finanzmärkten, Rohstoff Futures und den Währungsmärkten [95].

Hingegen führt der Generaldirektor der FAO, JOSÉ GRAZIANO DE SILVA [45], im Juni 2012 in Rom aus, dass fallende Nahrungspreise aufgrund guter Ernten und

---

4   Das Ausnutzen kleiner Preisdifferenzen zwischen verschiedenen Marktorten oder Terminkontrakten, indem an der einen Stelle etwas billiger gekauft und an der anderen Stelle etwas teurer verkauft wird [81].

Armut, Hunger, Unterernährung   49

Abbildung 1.8 Relative Schwankungen der Weltmarktpreise für Weizen, Monatsraten, 1980–2010

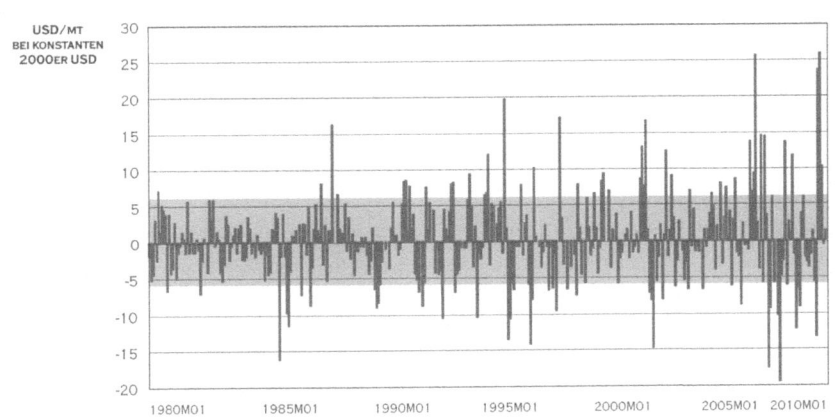

Quelle: Daten der World Data Bank, GEM Commodities [30.12.2010]. In: [9]

steigender Aktien eine Reduktion der Hungernden weltweit bedeuteten. Lediglich befänden sich die Menschen in der Sahel-Zone und im Horn von Afrika in einem weiterhin kritischen Zustand.

Gemäß Abbildung 1.4 ist ein Preisrückgang um etwa 28 Prozentpunkte seit Beginn des Jahres 2011 zwar fest zu stellen, jedoch befand sich das Preisniveau im Juni 2012 noch immer bei etwa 200 % des Nahrungsmittelpreis-Index aus den Jahren 2002–2004. Die vergrößerte Preisvolatilität sowie der Anstieg des Rohstoff-Preisniveaus stellt eine große Herausforderung für Non-Profit-Organisationen dar.

So hilft UNICEF in Entwicklungsländern durch Schulspeisungen und Hilfen für arme Familien, indem Geld und Know-how zur Verfügung gestellt wird [103].

Die Welthungerhilfe engagiert sich neben konkreten Projekten in Afrika, Asien und Lateinamerika auch mit Bildungsarbeit in Deutschland. In Zusammenarbeit mit der Unternehmenstochter des ZEIT-Verlages bietet ihr Projekt „FACE HUNGER" jungen Menschen zwischen 15 und 24 Jahren die Möglichkeit, zu bloggen, sich zu vernetzen oder eine Onlinepetition gegen Nahrungsmittelspekulation zu unterzeichnen. Außerdem stellt sie Lehrern einschlägiges Unterrichtsmaterial zur Verfügung [30][31].

Der Misereor e. V. wiederum unterstützt neben Nothilfeprojekten für Hungernde weltweit den Fairen Handel. So gehören Misereor Anteile an einem Handelshaus für fair gehandelte Lebensmittel; zudem ist der Verein Mitglied in Organisationen, die den Fairen Handel durch Siegel, Foren oder auch Bildungsarbeit für Jugendliche fördern. Nicht zuletzt unterstützt Misereor ausgewählte Handelspartner, die für den Fairen Handel notwendigen wirtschaftlichen Strukturen und interne Organisation aufzubauen [75].

Abschließend zu den theoretischen Grundlagen beschäftigt sich der nächste Abschnitt mit dem Fundraising.

1.5 Fundraising

> „Man kann nicht allen helfen, sagt der Engherzige und hilft keinem."
> *(Marie von Ebner-Eschenbach)*

Dieser Abschnitt befasst sich mit dem Thema „Fundraising". Zunächst wird eine begriffliche Einordnung vorgenommen; später werden Aufgaben des Fundraisings und auch dessen Zielsetzung erläutert.

1.5.1 Definition und Abgrenzung

Der Terminus Fundraising hat seinen Ursprung in den USA. LUTHE [66] übersetzt das Hauptwort „Fund" mit „Geldsumme" oder „Vorrat"; das Verb „to fund" hingegen bezeichne die finanzielle Unterstützung einer Institution bzw. eines Projektes. Das Nebenwort „raise" stehe für das Aufbringen bzw. Beschaffen von Mitteln. „Fundraising" kann demgemäß mit „Geldbeschaffung" übersetzt werden.

Eine adäquate Abgrenzung oder Übersetzung in das Deutsche liegt in der einschlägigen Fachliteratur nicht vor. Das Beschaffen monetärer Mittel oder die Akquisition von Geldern greift nach Fachmeinung zu kurz. Daher findet auch im deutschen Sprachgebrauch das Wort Fundraising Verwendung [48]. Die nachfolgenden Definitionen grenzen die Begriffsbedeutung etwas ein:

▶ **Fundraising** BRUHN [11] versteht unter der Bezeichnung Fundraising alle Aktivitäten einer NPO „... zur Beschaffung finanzieller Mittel sowie geldwerter Güter und Dienstleistungen – im Sinne von Spenden ...".

URSELMANN [108] definiert Fundraising als die systematische Analyse, Planung, Durchführung und Kontrolle sämtlicher Aktivitäten einer NPO, welche darauf abzielen, alle benötigten Ressourcen (Geld-, Sach- und Dienstleistungen) durch eine konsequente Ausrichtung an den Bedürfnissen der Ressourcenbereitsteller ohne marktadäquate materielle Gegenleistung zu beschaffen.

MÜLLERLEILE [78] sieht hingegen im Fundraising die Mittelbeschaffung zur Realisierung von Zwecken, die sich am Gemeinwohl orientiert.

HAIBACH [49] definiert Fundraising als umfassende Mittelbeschaffung einer Organisation, wobei der Schwerpunkt auf die Einwerbung finanzieller Mittel liegt.

Für NORTON [80] heißt Fundraising, Menschen davon zu erzählen, dass etwas getan werden kann und danach eine Partnerschaft ins Leben zu rufen. In dieser stellt der Förderer Mittel zur Verfügung, und die NPO erledigt die komplette Arbeit, um etwas in seinem Sinne zu bewegen.

Hingegen sieht Schulz [87] Fundraising als ein Wachsenlassen ausgleichender Gerechtigkeit und Solidarität mit Humor und völlig unverkrampft.

Gleichzeitig konstatiert SCHULZ [87], eine Übersetzung des Begriffes „Fundraising" mit „Mittel- und Spendenbeschaffung" sei schlichtweg falsch. Er begründet dies mit einer Analyse der Wortherkunft:

- fun → Fundraising soll mit Humor und Fröhlichkeit betrieben werden
- to fund → ausgleichend und solidarisch sein
- to raise → etwas wachsen lassen

Zudem würde seine Wortdeutung dadurch gestützt, dass in den USA als Synonyme für das Fundraising auch „friendship raising" oder „development work" verwendet würden.

Anknüpfend an die Begriffsbestimmung konzentriert sich der nächste Abschnitt auf die Zielsetzung und obliegende Aufgaben von Fundraising.

1.5.2 Aufgaben und Zielsetzung

Die Aufgabe von Fundraising liegt darin, dafür Sorge zu tragen, wohltätigen Institutionen private und öffentliche Mittel zufließen zu lassen. Zur Realisierung von Hilfsmaßnahmen und Unterstützungsleistungen benötigen NPO insbesondere finanzielle Ressourcen, die aus differenzierten Quellen, etwa Privatpersonen, Personen des öffentlichen Lebens oder auch Unternehmen, zu generieren sind. Die Bestimmung von Erfolg versprechenden Instrumenten zur Mittelbeschaffung findet innerhalb des Fundraisings durch den Einsatz einer Kommunikationsstrategie statt, durch die sich die Verbindung von Fundraising zum Beziehungsmarketing verdeutlicht. Es gilt aufzuzeigen, wie mit potentiellen Förderern zu kommunizieren ist [41].

Somit liegt eine Zielsetzung von Fundraising gemäß den Ausführungen BRUHNS [11] darin, „eine möglichst langfristige und vertrauensvolle Beziehung zu

attraktiven Spendern aufzubauen und zu intensivieren, da insbesondere die Neuakquisition von Geldgebern hohe Anfangsinvestitionen mit sich bringt."
Zudem sollten Spenderinnen und Spender durch gezielte Aktivitäten gewonnen werden, sie an die Organisation zu binden und nicht darauf zu warten, dass diese von sich aus spenden [49].

Um Fundraising professionell und effektiv durchführen zu können, widmet sich das folgende Kapitel zunächst einigen Voraussetzungen sowie ausgewählten, gängigen Formen des Fundraisings.

Literaturverzeichnis zu Kapitel 1

[1] Aderhold, J. (2004): Form und Funktion sozialer Netzwerke in Wirtschaft und Gesellschaft (S. 138). Wiesbaden: Verlag für Sozialwissenschaften.
[2] Anheier, H. (2003): Dimensions of the Nonprofit Sector (S. 270; übersetzt ins Deutsche von Weißschnur, S.). In: Anheier, H./Ben-Ner, A. (2003): The Study of the Nonprofit Enterprise. Theories and Approaches. New York: Kluwer Academic.
[3] Anheier, H.-K./Seibel, W. (2002): The Nonprofit in Germany (S. 2 ff.). Manchester: University Press.
[4] Appel, A. (2009): Strategieentwicklung bei NGOs in der Entwicklungszusammenarbeit (S. 188). Wiesbaden: Verlag für Sozialwissenschaften.
[5] Badelt, C. (1999): Zielsetzungen und Inhalte des Handbuch der Nonprofit Organisation. In: Badelt, C. (Hrsg.): Handbuch der Nonprofit Organisation, 2. Auflage. Stuttgart: Schäffer Poeschel, 3–18.
[6] Badelt, C. (2004): Die unternehmerische NPO – Herausforderung oder Widerspruch in sich? Erfahrungen und Einschätzungen. In: Witt, D. et al. (Hrsg.): Funktionen und Leistungen von Nonprofit-Organisationen. Wiesbaden: Gabler, 47–58.
[7] Badelt, C. et al. (2004): Die Wiener Schule der NPO-Forschung. Nonprofit Organisationen in Wirtschaft und Gesellschaft (S. 3–5, 13, 92–94). In: Badelt, C. et al. (2007): Handbuch der Nonprofit Organisation. Strukturen und Management. 4., überarb. Aufl.; Stuttgart: Schäffer-Poeschel.
[8] Bär, M. et al. (Hrsg.; 2010): Fundraising im Non-Profit-Sektor. Marktbearbeitung von Ansprache bis Zuwendung (S. 7, 17). Wiesbaden: Gabler.
[9] Bass, H.-H. (2011): Finanzmärkte als Hungerverursacher? Studie für die Deutsche Welthungerhilfe e. V. (S. 49). Bonn: Deutsche Welthungerhilfe e. V.
[10] Bono, M.-L. (2006): NPO-Controlling: Professionelle Steuerung sozialer Dienstleistungen (S. 2, 17). Stuttgart: Schäffer Poeschel.
[11] Bruhn, M. (2005): Marketing für Nonprofit-Organisationen: Grundlagen – Konzepte – Instrumente (S. 27, 33, 77–78). Stuttgart: Kohlhammer.
[12] Bundesinstitut für Sportwissenschaft/Deutsche Sporthochschule Köln (2011): Sportentwicklungsbericht 2009/2010: Analyse zur Situation der Sportver-

eine in Deutschland, Köln, 15. Juli 2011 (S. 1). Resource document. http://www.bisp.de/nn_15936/SharedDocs/Downloads/Flyer__Programme__Pressmitt/SEB__2011__PM__BISp__DOSB__DSHS,templateId=raw,property=publicationFile.pdf/SEB_2011_PM_BISp_DOSB_DSHS.pdf. Zugegriffen: 30.09.2012.

[13] Bundesministerium für Familie, Senioren, Frauen und Jugend (2007): Übereinkommen über die Rechte des Kindes (S. 8 ff.), Berlin.

[14] Bundesregierung (2011): Welternährungstag – Task Force gegen den Hunger. Resource document. Bundesregierung.de. http://www.bundesregierung.de/Content/DE/Artikel/2011/10/2011-10-16-welternaehrungstag-index-niebel.html. Zugegriffen: 30.09.2012.

[15] Bundeszentrale für politische Bildung (2010): Vereinte Nationen: Ziele und Grundsätze (S. 1). Resource document. Bundeszentrale für politische Bildung. http://www.bpb.de/themen/7RUDAL,0,Ziele_und_Grunds%E4tze_der_Vereinten_Nationen.html. Zugegriffen: 30.09.2012.

[16] Commerzbank (2012): Derivate – Turbo-Zertifikate. Resource document. Commerzbank AG. http://zertifikate.commerzbank.de/Products/ProductSearchAdvanced.aspx?pc=42&c=48. Zugegriffen: 30.09.2012.

[17] Dathe, D. et al. (2009): Wenig Licht, viel Schatten – der dritte Sektor als arbeitsmarktpolitisches Experimentierfeld (S. 2). Resource document. Wissenschaftszentrum Berlin für Sozialforschung. http://bibliothek.wzb.eu/wzbriefarbeit/WZbriefArbeit032009_dathe_hohendanner_priller.pdf. Zugegriffen: 30.09.2012.

[18] Dees, J. G. (1999): Enterprising Nonprofits (S. 136–140, 146–147; übersetzt ins Deutsche von Weißschnur, S.). In: Harvard Business Review on Nonprofits (1999). Boston: Harvard Business School Press.

[19] Dehesselles, T. (2002): Vereinsführung: Rechtliche und steuerliche Grundlagen, in: Galli, A. et al. (Hrsg.): Sportmanagement: Grundlagen der unternehmerischen Führung im Sport aus Betriebswirtschaftslehre Steuern und Recht für den Sportmanager. München: Vahlen, 5 – 44.

[20] Deutsche Welthungerhilfe e. V. (2011): Die Gründung der Welthungerhilfe aus dem Geist einer globalen Bewegung (S. 1). Resource document. Deutsche Welthungerhilfe e. V. http://www.welthungerhilfe.de/geschichte0.html. Zugegriffen: 30.09.2012.

[21] Deutsche Welthungerhilfe e. V. (2011a): Zahlen und Fakten: Rund 6 600 Projekte in 70 Ländern seit 1962 (S. 1). Resource document. Deutsche Welthungerhilfe e. V. http://www.welthungerhilfe.de/zahlen-fakten.html. Zugegriffen: 30.09.2012.

[22] Deutsche Welthungerhilfe e. V. (2011b): Unsere Themen im Überblick. Resource document. Deutsche Welthungerhilfe e. V. http://www.welthungerhilfe.de/themen.html. Zugegriffen: 30.09.2012.

[23] Deutsche Welthungerhilfe e. V. (2011c): Wer wir sind: Die Menschen hinter der Welthungerhilfe (S. 1). Resource document. Deutsche Welthungerhilfe e. V. http://www.welthungerhilfe.de/wer-wir-sind.html. Zugegriffen: 30.09.2012.

[24] Deutsche Welthungerhilfe e. V. (2011d): Die Mitgliederversammlung (S. 1). Resource document. Deutsche Welthungerhilfe e. V. http://www.welthungerhilfe.de/?id=3750. Zugegriffen: 30.09.2012.

[25] Deutsche Welthungerhilfe e. V. (2011e): Das ehrenamtliche Präsidium (S. 1). Resource document. Deutsche Welthungerhilfe e. V. http://www.welthungerhilfe.de/?id=3746. Zugegriffen: 30.09.2012.
[26] Deutsche Welthungerhilfe e. V. (2011f): Der Gutachterausschuss (S. 1). Resource document. Deutsche Welthungerhilfe e. V. http://www.welthungerhilfe.de/?id=3748. Zugegriffen: 30.09.2012.
[27] Deutsche Welthungerhilfe e. V. (2011g): Das Kuratorium der Welthungerhilfe (S. 1). Resource document. Deutsche Welthungerhilfe e. V. http://www.welthungerhilfe.de/?id=3749. Zugegriffen: 30.09.2012.
[28] Deutsche Welthungerhilfe e. V. (2011h): Welthunger-Index 2011. Hohe und volatile Nahrungsmittel-Preise verschärfen den Hunger (S. 21–22, 24, 27). Resource document. Deutsche Welthungerhilfe e. V. http://www.welthungerhilfe.de/fileadmin/media/pdf/WHI/WHI2011/20110921_WHI-2011_final.pdf. Zugegriffen: 30.09.2012.
[29] Deutsche Welthungerhilfe e. V. (2012a): Peru – Hilfe zur Selbsthilfe – dieses Konzept geht auf. Resource document. Deutsche Welthungerhilfe e. V. http://www.welthungerhilfe.de/peru-spendenprojekt-faierhandel.html. Zugegriffen: 30.09.2012.
[30] Deutsche Welthungerhilfe e. V. (2012b): Jetzt mitmachen bei der neuen Bildungsinitiative FACE HUNGER! Resource document. Deutsche Welthungerhilfe e. V. http://www.welthungerhilfe.de/face-hunger.html. Zugegriffen: 30.09.2012.
[31] Deutsche Welthungerhilfe e. V. (2012c): FACE HUNGER! Broschüren zum Download. Alles auf einen Blick. Resource document. Deutsche Welthungerhilfe e. V. http://www.face-hunger.de/infomaterial. Zugegriffen: 30.09.2012.
[32] Deutsche Welthungerhilfe e. V. (2012h): Stiftungsfonds – Investitionen, mit denen Sie auf Dauer helfen. Resource document. Deutsche Welthungerhilfe e. V. http://www.welthungerhilfe.de/stiftungsfonds.html. Zugegriffen: 30.09.2012.
[33] Deutscher Sportbund (2003): Sport in Deutschland, 19. Aufl. (S. 77). Frankfurt/Main.
[34] Dilg, M. (2012): Hunger. Resource document. swr. http://www.swr.de/hunger/laender/haiti/-/id=6756262/nid=6756262/did=7072974/pv=gallery/kawrvz/index.html. Zugegriffen: 30.09.2012.
[35] Erdmann, G. (2001): NGOs: Mangelhaft, doch unverzichtbar. In: der überblick, Ausg. 03/2001, S. 32.
[36] European Commission (1997): Promoting the Role of Voluntary Organizations and Foundations in Europe. Luxembourg.
[37] FAO (2012a): FAO Food Price Index. Resource document. Food and Agriculture Organization of the United Nations. http://www.fao.org/worldfoodsituation/wfs-home/foodpricesindex/en/. Zugegriffen: 30.09.2012.
[38] FAO (2012b): The State of Food Insecurity in the World 2011. How does international price volatility affect domestic economies and food security? (S. 13). Resource document. Food and Agriculture Organization of the United Nations. http://www.fao.org/docrep/014/i2330e/i2330e.pdf. Zugegriffen: 30.09.2012.

[39]	FAO (2012c): Hunger. FAQs: What is chronic hunger? Resource document. Food and Agriculture Organization of the United Nations. http://www.fao.org/hunger/en/. Zugegriffen: 30.09.2012.
[40]	Finis-Siegler, B. (2001): NPO ökonomisch betrachtet, Münsteraner Diskussionspapiere zum Nonprofit-Sektor – Nr. 15 2001 (S. 3). Resource document. Münsteraner Diskussionspapier. http://www.aktive-buergerschaft.de/fp_files/Diskussionspapiere/2001wp-band15.pdf. Zugegriffen: 30.09.2012.
[41]	Fischer, K./Neumann, A. (2003): Multi-Channel-Fundraising – clever kommunizieren, mehr Spender gewinnen (S. 31). Wiesbaden: Gabler.
[42]	Gabler Verlag (Hrsg., 2012a): Gabler Wirtschaftslexikon, Stichwort: Non-Governmental Organization (NGO). Resource document. Gabler-Verlag. http://wirtschaftslexikon.gabler.de/archiv/11364/non-governmental-organization-ngo-v6.html. Zugegriffen: 30.09.2012.
[43]	Gabler Verlag (Hrsg., 2012b): Gabler Wirtschaftslexikon, Stichwort: Effizienz. Resource document. Gabler-Verlag. http://wirtschaftslexikon.gabler.de/archiv/7640/effizienz-v10.html. Zugegriffen: 30.09.2012.
[44]	Gerth, M./Doll, F. (2011): Hände weg vom Acker? In: WirtschaftsWoche, Ausg. 48 vom 28.11.2011 (S. 140, 148). Düsseldorf: Handelsblatt.
[45]	Graziano da Silva, J. (2012): Lower food prices should lead to hunger reduction, says FAO Director-General. Resource document. FAO. http://www.fao.org/news/story/en/item/148667/icode/. Zugegriffen: 30.09.2012.
[46]	Greiling, D. (2008): Performance Measurement in Nonprofit-Organisationen (S. 483). Wiesbaden: Gabler.
[47]	Grohs, S. (2010): Modernisierung sozialer Kommunalpolitik (S. 120). Wiesbaden: Verlag für Sozialwissenschaften.
[48]	Haibach, M. (2006): Handbuch Fundraising. 3., aktualis. Aufl. (S. 19). Frankfurt/New York: Campus.
[49]	Haibach, M. (2008): Fundraising – Definitionen, Abgrenzung und Einordnung. In: Fundraising-Akademie (Hrsg.; 2008): Fundraising. Handbuch für Grundlagen, Strategien und Methoden. 4. Aufl. (S. 88). Wiesbaden: Gabler.
[50]	Hansmann, H. (1980): The Role of the Nonprofit Enterprise (S. 835–898). Yale Law Journal.
[51]	Hansmann, H. (1987): Economic Theories of Nonprofit Organization (übersetzt ins Deutsche von Weißschnur, S.). In: Powell, W., Hrsg. (1987): The Nonprofit Sector, New Haven/London: 27–41.
[52]	Heinemann, K. (1995): Einführung in die Ökonomie des Sports: Ein Handbuch (S. 66). Schorndorf: Hofmann.
[53]	Heller, U. (2010): Immobilienmanagement in Nonprofit-Organisationen (S. 8). Wiesbaden: Gabler.
[54]	Henke, E.O. (1972): Performance Evaluation for Not-for-Profit Organizations (S. 51). Journal of Accountancy.
[55]	Herzlinger, R. (1999a): Can Public Trust in Nonprofits and Governments Be Restored (S. 4–6; übersetzt ins Deutsche von Weißschnur, S.). In: Harvard Business Review on Nonprofits (1999). Boston: Harvard Business School Press.

[56] Herzlinger, R. (1999b): Effective Oversight. A guide for Nonprofit Directors (S. 30, 37); übersetzt ins Deutsche von Weißschnur, S.). In: Harvard Business Review on Nonprofits (1999). Boston: Harvard Business School Press.

[57] Horak, C. (1995): Controlling in Nonprofit-Organisationen: Erfolgsfaktoren und Instrumente. 2. Aufl. (S. 19). Wiesbaden: Gabler.

[58] Horak, C. et al. (1997): Ziele und Strategien von NPO. In: Badelt, C. (Hrsg.): Handbuch der Nonprofit Organisation. Stuttgart: Schäffer Poeschel: 135–158.

[59] Hüdepohl, A. (1996): Organisationen der Wohlfahrtspflege. Eine ökonomische Analyse ausgewählter nationaler und internationaler Institutionen (S. 265, 269). Berlin: Duncker und Humblot.

[60] Hungenberg, H., Wulf, T. (2006): Grundlagen der Unternehmensführung. 2., aktualis. Aufl. (S. 29). Berlin: Springer.

[61] Hunziker, B. (2010): Abwanderungsverhalten von Spendern (S. 18). Wiesbaden: Gabler.

[62] Kern, N. (2004): Qualitätsmanagement (S. 90). München: Urban & Fischer.

[63] Köhler, P. (1987): Sozialpolitische und sozialrechtliche Aktivitäten der Vereinten Nationen (S. 119–121). Baden-Baden: Nomos.

[64] Kraus, M./Stegarescu, D. (2005): Non-Profit-Organisationen in Deutschland (S. 6). Mannheim: Zentrum für Europäische Wirtschaftsforschung (ZEW).

[65] Kunz, J. (2006): Strategiefindung von Non-Profit-Organisationen (S. 7 ff.). Resource document. Dissertation der Universität St. Gallen. http://www1.unisg.ch/www/edis.nsf/SysLkpByIdentifier/3136/$FILE/dis3136.pdf. Zugegriffen: 30.09.2012.

[66] Luthe, D. (1997): Fundraising. Fundraising als beziehungsorientiertes Marketing – Entwicklungsaufgaben für Nonprofit-Organisationen (S. 18 u. 32). Augsburg: Maro-Verlag.

[67] Mertes, M. (2000): Controlling in der Kirche: Aufgaben, Instrumente und Organisation dargestellt am Beispiel des Bistums Münster (S. 135). Gütersloh: Gütersloher.

[68] MISEREOR e. V. (2011): Projekte (S. 1). Resource document. MISEREOR e. V. http://www.misereor.de/projekte.html. Zugegriffen: 30.09.2012.

[69] MISEREOR e. V. (2011a): Madagaskar – Das Dorf macht Schule – Die Schule macht das Dorf (S. 1). Resource document. MISEREOR e. V. http://www.misereor.de/projekte/projektpartnerschaften/madagaskar-dorfschule.html. Zugegriffen: 30.09.2012.

[70] MISEREOR e. V. (2011b): Auftrag & Struktur. Resource document. MISEREOR e. V. http://www.misereor.de/ueber-uns/auftrag-struktur.html. Zugegriffen: 30.09.2012.

[71] MISEREOR e. V. (2011c): Geschichte. Resource document (S. 1). MISEREOR e. V. http://www.misereor.de/ueber-uns/misereor-geschichte.html. Zugegriffen: 30.09.2012.

[72] MISEREOR e. V. (2011d): Rechenschaft (S. 1). Resource document. MISEREOR e. V. http://www.misereor.de/ueber-uns/rechenschaft.html. Zugegriffen: 30.09.2012.

[73] MISEREOR e. V. (2011e): Leitbild: 3. Unsere Aufgaben (S. 1). Resource document. MISEREOR e. V. http://www.misereor.de/ueber-uns/auftrag-struktur/leitbild.html#c2185. Zugegriffen: 30. 09. 2012.
[74] MISEREOR e. V. (2012a): Hunger in Ostafrika. Resource document. MISEREOR e. V. http://www.misereor.de/projekte/nothilfe-wiederaufbau/hungerafrika.html. Zugegriffen: 30. 09. 2012.
[75] MISEREOR e. V. (2012b): MISEREOR-Engagement. Misereor unterstützt den Fairen Handel ... Resource document. MISEREOR e. V. http://www.misereor.de/aktionen/fairer-handel/misereor-engagement.html. Zugegriffen: 30. 09. 2012.
[76] MISEREOR e. V./Brot für die Welt/Evangelischer Entwicklungsdienst e. V. (2007): Entwicklungspolitik im Windschatten militärischer Interventionen. In: Klein, A./Roth, S. (Hrsg.): NGOs im Spannungsfeld von Krisenprävention und Sicherheitspolitik. Wiesbaden: Verlag für Sozialwissenschaften, 371–374.
[77] Müller, D. (2011): Unschuldsmythen. Wie die Nahrungsmittelspekulation den Hunger anheizt (S. 5, 7). Aachen: Misereor e. V.
[78] Müllerleile, C. (2011): Fundraising. In: Reuter-Lewinski, V./Lüddemann, S. (Hrsg.): Glossar Kulturmanagement. Wiesbaden: Verlag für Sozialwissenschaften, 63–68.
[79] Nährlich, S. (1998): Was sind die und was bleibt von den Besonderheiten der Nonprofit-Organisationen? Eine ökonomische Betrachtung. In: Arbeitskreis Nonprofit-Organisationen (Hrsg.): Nonprofit-Organisationen im Wandel: Ende der Besonderheiten oder Besonderheiten ohne Ende? Frankfurt/Main: 225–250.
[80] Norton, M. (2007): Need to know? Fundraising (S. 10). London: HarperCollins.
[81] Paulsen, A. (2011): Finanzspekulationen verschärfen den Hunger. In: Brennpunkt Nr. 20/April 2011 (S. 2, 3). Bonn: Deutsche Welthungerhilfe e. V.
[82] Reichard, C. (1988): Der Dritte Sektor. In: Die öffentliche Verwaltung. Nr. 5, 363–370.
[83] Roth, S. (2011): Hunger stillt man nicht durch Regulierung. Resource document. Süddeutschen Zeitung. http://archiv.sueddeutsche.de/J5V38I/3997035/e.html/?id=A49149523_EGTPOGWPOOPEWTGRTORTSWE. Zugegriffen: 30. 09. 2012.
[84] Sargeant, A./Jay, E. (2010): Fundraising Management. Analysis, planning and practice (S. 316; übersetzt ins Deutsche von Weißschnur, S.); 2nd Edition. London/New York: Rontledge.
[85] Schaad, M. (1995): Nonprofit-Organisationen in der ökonomischen Theorie (S. 2 f.). Wiesbaden: Gabler.
[86] Schneider, J. et al. (2007): Strategische Führung von Nonprofit-Organisationen (S. 16, 104). Bern: Haupt.
[87] Schulz, L. (2008): Fundraising in der Struktur der Nonprofit-Organisation (S. 97). In: Fundraising-Akademie (Hrsg.; 2008): Fundraising. Handbuch für Grundlagen, Strategien und Methoden. 4. Aufl. (S. 88). Wiesbaden: Gabler.
[88] Schulze, M. (1997): Profit in der Nonprofit-Organisation (S. 247). Wiesbaden: Gabler.
[89] Schumann, H. (2011): foodwatch Report 2011. Die Hungermacher. Wie Deutsche Bank, Goldman Sachs & Co. auf Kosten der Ärmsten mit Lebensmitteln spekulieren (S. 6–8). Berlin: foodwatch.

[90] Schwarz, P. (1996): Management-Brevier für Nonprofit-Organisationen (S. 14). Bern [u.a.]: Haupt.
[91] Soros, G. (2008): We are in the midst oft he worst financial crisis in 30 years. Stern-Interview mit Katja Gloger. Resource document. Stern-Verlag. http://www.stern.de/wirtschaft/news/maerkte/george-soros-we-are-in-the-midst-of-the-worst-financial-crisis-in-30-years-625954.html. Zugegriffen: 30.09.2012.
[92] Stötzer, S. (2009): Stakeholder Performance Reporting von Nonprofit-Organisationen (S. 153 f.). Wiesbaden: Gabler.
[93] Thomson Reuters, BDBe (2011). In: Gerth/Doll 2011: Hände weg vom Acker? In: WirtschaftsWoche, Ausg. 48 vom 28.11.2011 (S. 140). Düsseldorf: Handelsblatt.
[94] UK Hunger Alliance (2011): Trackling the High Food Price Challenge: Five Recommendations from the UK Hunger Alliance to G20 Members. Resource document. UK Hunger Alliance. http://www.actionagainsthunger.org.uk/fileadmin/contribution/0_accueil/pdf/HA-HighFoodChallenge.pdf. Zugegriffen: 30.09.2012.
[95] UNCTAD (2009): The Global Economic Crisis: Systemic Failures and Multilateral Remedies (S. xii). New York/Genf: UNITED NATIONS.
[96] UNICEF Deutschland (2010): Struktur international (S. 1, Grafik). Resource document. UNICEF Deutschland e. V. http://www.unicef.de/fileadmin/content_media/transparenz/geschaeftsbericht-2010/Struktur-UNICEF-International.jpg. Zugegriffen: 30.09.2012.
[97] UNICEF Deutschland (2011): UNICEF Programmarbeit: Strategie und Arbeitsweise (S. 1). Resource document. UNICEF Deutschland e. V. http://www.unicef.de/projekte/strategie/. Zugegriffen: 30.09.2012.
[98] UNICEF Deutschland (2011a): Ergänzende Informationen zu weiteren Fragen (S. 1). Resource document. UNICEF Deutschland e. V. http://www.unicef.de/ueber-uns/faq/ergaenzende-informationen-zu-weiteren-fragen/. Zugegriffen: 30.09.2012.
[99] UNICEF Deutschland (2011b): Häufig gestellte Fragen: Wie hoch sind die Kosten von UNICEF Deutschland (S. 1)? Resource document. UNICEF Deutschland e. V. http://www.unicef.de/ueber-uns/faq/. Zugegriffen: 30.09.2012.
[100] UNICEF Deutschland (2011c): Auf einen Blick (S. 1). Resource document. UNICEF Deutschland e. V. http://www.unicef.de/ueber-uns/transparenz/unicef-geschaeftsbericht-auf-einen-blick/. Zugegriffen: 30.09.2012.
[101] UNICEF Deutschland (2011d): Was ist und was tut UNICEF. Resource document. UNICEF Deutschland e. V. http://www.unicef.de/download.php?f=fileadmin/content_media/mediathek/F_0001_Was_ist_und_was_tut_UNICEF.pdf. Zugegriffen: 30.09.2012.
[102] UNICEF Deutschland (2012a): Zeit zu teilen. Hilfe für Kinder in Ostafrika. Resource document. UNICEF Deutschland e. V. http://www.unicef.de/aktionen/zeit-zu-teilen/. Zugegriffen: 30.09.2012.
[103] UNICEF Deutschland (2012c): Menschenrecht auf Nahrung. Dr. Jürgen Heraeus zu steigenden Nahrungsmittelpreisen. Resource document. UNICEF Deutschland e. V. http://www.unicef.de/presse/dr-juergen-heraeus-zu-steigenden-nahrungsmittelpreisen. Zugegriffen: 30.09.2012.

Literaturverzeichnis zu Kapitel 1

[104] UNICEF International (2005): The UNICEF medium-term strategic plan, 2006–2009 Investing in children (S. 6 ff.). Resource document. http://www.unicef.de/fileadmin/content_media/ueberunicef/Geschaeftsbericht-2007_Sonderseite/UNICEF_Strategy2006-2009.pdf. Zugegriffen: 30.09.2012.

[105] UNICEF International (2011): Fact Sheet: Child survival and development (S. 1). Resource document. UNICEF International. http://www.unicef.org/health/23958_survivaldevelopment.html. Zugegriffen: 30.09.2012.

[106] UNICEF Österreich (2011): 40er und 50er Jahre: Lebertran und Hebammenkoffer (S. 1). Resource document. http://www.unicef.at/40er50er.html. Zugegriffen: 30.09.2012.

[107] UNRIC (2011): Millenniums-Entwicklungsziele (S. 1). Resource document. United Nations Regional Information Centre for Western Europe. http://www.unric.org/html/german/mdg/index.html. Zugegriffen: 30.09.2012.

[108] Urselmann, M. (2007): Fundraising: professionelle Mittelbeschaffung für Nonprofit-Organisationen. 4. Aufl. (S. 11), Bern: Haupt.

[109] Van Bentem, N. (2006): Vereine, eingetragene Vereine, Dritter-Sektor-Organisationen (S. 96 ff.). Münster: Waxmann.

[110] Vernis, A. et al. (2006): Nonprofit Organizations. Challenges and Collaboration (S. 17; übersetzt ins Deutsche von Weißschnur, S.). New York: Palgrave Macmillan.

[111] Viest, O. (2006): Online-Fundraising. In: Fundraising Akademie (Hrsg.; 2008): Fundraising. Handbuch für Grundlagen, Strategien und Methoden. 4. Aufl., Wiesbaden: Gabler.

[112] Vilain, M. (2006): Finanzierungslehre für Nonprofit-Organisationen: Zwischen Auftrag und ökonomischer Notwendigkeit (S. 27). Wiesbaden: Gabler.

[113] Von Grebmer, K. et al. (2008): Global Hunger Index: The Challenge of Hunger 2008. Bonn, Washington, DC, and Dublin: Deutsche Welthungerhilfe e. V., International Food Policy Research Institute, and Concern.

[114] Weltbank (2011): Jahresbericht der deutschen Exekutivdirektorin bei der Weltbank; Geschäftsjahr 2011. Resource document (S. 26 ff.). World Bank Group. http://siteresources.worldbank.org/INTEDS05/Resources/2012000614Dede_Assembled_Sept1_LowRes.pdf. Zugegriffen: 30.09.2012.

[115] Wex, T. (2004): Der Nonprofit-Sektor der Organisationsgesellschaft (S. 174–175). Wiesbaden: Deutscher Universitäts-Verlag.

[116] Wöhe, G./Döring, U. (2010): Einführung in die Allgemeine Betriebswirtschaftslehre. 24. Aufl. (S. 15 ff.). München: Vahlen.

[117] World Food Programme (2012a): Welthungerkarte 2011. WFP. Resource document. http://www.de.wfp.org/sites/default/files/welthungerkarte.pdf. Zugegriffen: 30.09.2012

[118] World Food Programme (2012b): What causes hunger? (Übersetzt ins Deutsche von Weißschnur, S.). WFP. Resource document. http://www.wfp.org/hunger/causes. Zugegriffen: 30.09.2012.

[119] World Food Programme (2012c): What is hunger? (Übersetzt ins Deutsche von Weißschnur, S.). WFP. Resource document. http://www.wfp.org/hunger/what-is. Zugegriffen: 30.09.2012.

[120] World Food Programme (2012d): What is malnutrition? (Übersetzt ins Deutsche von Weißschnur, S.). WFP. Resource document. http://www.wfp.org/hunger/malnutrition. Zugegriffen: 30.09.2012.
[121] World Health Organization (2011): Health Topics: Primary health care. Resource document (S. 1; übersetzt ins Deutsche von Weißschnur, S.). World Health Organization. http://www.who.int/topics/primary_health_care/en/. Zugegriffen: 30.09.2012.
[122] Zimmer, A./Hallmann, T. (2005): Nonprofit-Sektor, Zivilgesellschaft und Sozial-kapital. In: Hopt, K.-J. et al. (Hrsg.): Nonprofit-Organisationen in Recht, Wirtschaft und Gesellschaft. Tübingen: Mohr Siebeck, 103–126.
[123] Zimmermann, H./Henke, K.-D. (2005): Finanzwissenschaft. 9. Aufl. (S. 12 ff.). München: Vahlen.

2 Ausreichende Mittelbereitstellung durch effektives Fundraising

Die soziale Ungleichheit zwischen Industrie- und Entwicklungsländern hat weltweit an Bedeutung gewonnen. Abbildung 2.1 zeigt die unterschiedliche Einkommensentwicklung zwischen 1969 und 2006 eindrucksvoll.

Dabei herrscht in einigen Ländern, wie z. B. in Somalia (Ostafrika) auch aktuell eine solche Armut, dass dort über dreizehn Millionen Menschen hungern müssen. „Zehntausende Kinder haben schon ihr Leben verloren" [178].

Abbildung 2.1 Die Kluft zwischen Arm und Reich (wobei „heute" das Jahr 2006 darstellt)

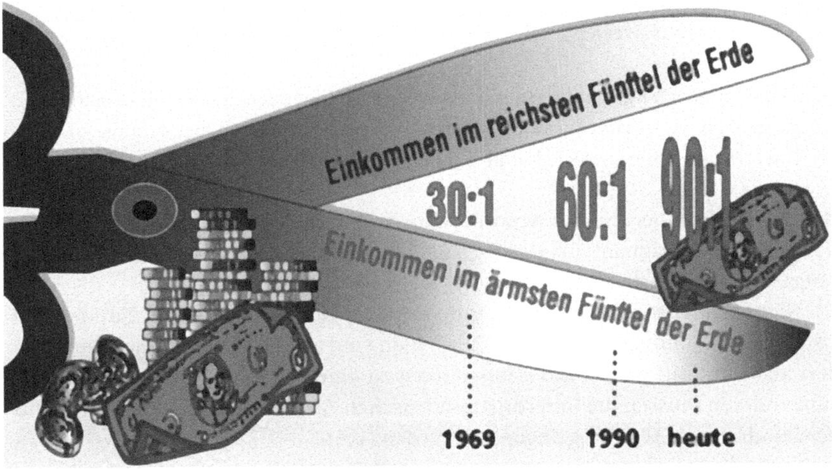

Quelle: [189]

Aus den unterschiedlichsten Gründen[5] fühlen sich Einwohner vieler Industrieländer dazu verpflichtet, dem verarmten Teil der Erdkugel freiwillig einen Anteil ihres Vermögens abzugeben [177]. Hilfsorganisationen agieren in diesem Zusammenhang als Kapitalsammelstelle und organisieren die Verwendung des Fundraising-Kapitals.

Diesbezüglich erläutert der sich anschließende Abschnitt wichtige Voraussetzungen.

2.1 Organisatorische Voraussetzungen für das Fundraising

„Erfolgreiches, vor allem nachhaltig erfolgreiches Fundraising [!] kommt nicht ohne fundierte Organisationsentwicklung aus, die Ziele, Strategie und Prozesse der Organisation analysiert, aufeinander abstimmt und weiterentwickelt" [153]. „Stärken und Schwächen sind Eigenschaften der jeweiligen Organisation, die ihren Erfolg im Fundraising beeinflussen" [150].

HEIL [153] beobachtet als eine dieser Eigenschaften eine stark ausgeprägte „Personalität"; demgegenüber kämen profil- und markenbildende Möglichkeiten deutlich zu kurz. Hingegen bewerten FISCHER/NEUMANN [150] diese Personalität als Stärke: Den Organisationen würde dadurch ermöglicht, Ressourcen zu mobilisieren, die wirtschaftliche Vorteile mit sich brächten. Auf diese Weise fielen für Fundraising-Kampagnen deutlich geringere Kosten an.

HAIBACH [152] ergänzt die personellen Ressourcen u. a. um einen überzeugenden Organisationszweck.

„Ein sinnvoller Weg, den Organisationszweck nach innen und außen mit neuem Leben zu erfüllen ..., ist ein Corporate-Identity-Prozess (CI-Prozess), bei dem die Identität einer Organisation entwickelt und herausgestellt wird" [152].

HEIL [153] formuliert hierzu Anforderungen; beispielsweise, dass die Mission der NPO klar und prägnant aus der Satzung ableitbar sein müsse und die aktuellen Aufgaben dazu passten.

Nicht zuletzt sollte die Organisation aus dem Non-Profit-Bereich Fundraising als Querschnittaufgabe auffassen. Zum einen sind alle Stakeholder dazu aufgefordert. das Fundraising mit ihren Ressourcen zu unterstützen und voranzubringen; zum anderen müssen die innerorganisatorischen Abläufe an die Erkenntnisse aus der Fundraising-Abteilung angepasst werden [150].

---

5 Vgl. hierzu auch Abschnitt 2.2.2 „Alternativen der Förderer-Motivation".

Neben solchen Aspekten sollte die jeweilige Organisation Wert auf ein gutes Image legen. Je besser die NPO in der Öffentlichkeit angesehen ist, desto einfacher fällt es, Unterstützer und Multiplikatoren zu mobilisieren. „Ein positives Image ist ein wichtiger Aspekt beim Aufbau von Vertrauen" [150]. HAIBACH [152] stellt in diesem Zusammenhang heraus, dass gerade bei Non-Profit-Organisationen ... die RepräsentantInnen meist die wichtigen VermittlerInnen der Botschaft seien. Tatsächlich geht es im Kern des Fundraisings um die Etablierung zunächst einer emotionalen-, und später einer rationalen Beziehung [150].

Neben organisatorischen Voraussetzungen, die das Fundraising nachhaltig zum Erfolg führen können, ist es jedoch ebenso entscheidend, dass die Ziele, Strategie und Prozesse der Organisation analysiert, aufeinander abgestimmt und weiterentwickelt werden [153]. Aus Platzgründen geht diese Ausarbeitung nachfolgend lediglich auf die Bedeutung von Zielen und Strategien ein. Für die konkrete Umsetzung eines realen Fundraising-Projektes sollte hingegen eine vollumfängliche Betrachtung aller Nuancen der Thematik Berücksichtigung finden.

2.2 Strategisches Management im Fundraising von NPO

„Strategie ist die Anpassung des grundlegenden Auftrags einer Organisation an sich verändernde Umweltbedingungen" [153]. Dabei geht es um einen Zeithorizont von drei bis fünf Jahren mit dem Ziel, das Bestehende systematisch zu erkennen, zu explizieren, zu ordnen und ggf. neu auszurichten [153]. Zusätzlich zu den im vorangegangenen Abschnitt beschriebenen organisatorischen Voraussetzungen muss „Fundraising" als Führungsaufgabe definiert werden [150]. Dies ist deshalb so wichtig, weil auf drei verschiedenen Ebenen strategische Entscheidungen für das Fundraising getroffen werden müssen. Diese fügen sich zu einer Gesamtstrategie zusammen:

- Ebene 1 legt die ökonomische Zielperspektive der NPO fest.
- Ebene 2 gestaltet die Beziehungen zwischen Spendern und der NPO.
- Ebene 3 hingegen definiert das Verhalten der NPO auf den Märkten zu den anderen Akteuren [148].

Im nächsten Schritt gilt es, einen Fundraising-Plan zu entwerfen, der die Details aller Fundraising-Aktivitäten beinhalten sollte, die die Organisation innerhalb der Planungsperiode umsetzen will (1-Jahres-/3-Jahres-/5-Jahresplan). Die Planung sollte Ziele, die allgemeine Fundraising-Strategie und eine Übersicht über die gewählte Taktik zu jeder Fundraising-Form berücksichtigen [174]. Abbildung 2.2 zeigt einen allgemeinen Rahmen für den Planungsprozess im Fundraising.

Abbildung 2.2 Allgemeiner Fundraising-Planungsrahmen

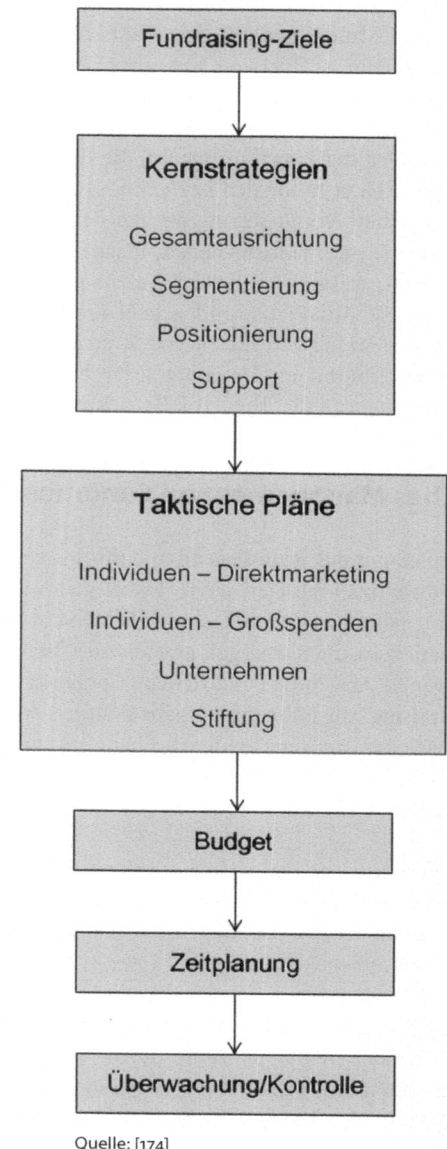

Quelle: [174]

Dabei sollten die Fundraising-Ziele mindestens die folgenden drei Aspekte berücksichtigen:

1. Die Höhe der Mittel, die beschafft werden.
2. Die Kategorien der Förderer, die für diese Mittel sorgen werden (d. h., Individuen, Unternehmen, Stiftungen).
3. Die akzeptablen Kosten, um diese Mittel zu beschaffen.

Hat die Organisation über entsprechende Segmente für die Fundraising-Planung entschieden, so ist es notwendig, eine Strategie zu entwickeln, die die zu kommunizierende Botschaft zu diesen Zielen transportieren kann. Im Wesentlichen beziehen sich Marketingspezialisten diesbezüglich auf die „Positionierung":

▶ **Strategische Positionierung** „Strategische Positionierung" im Fundraising benennt den definitorischen Akt in den Köpfen der Zielgruppe, für was eine bestimmte Organisation im Vergleich zu anderen NPO steht und was sie anbieten kann.

Vereinfacht ausgedrückt geht es also darum, was einzigartig an einer Organisation ist; was sie von anderen NPO, die ebenfalls Mittel beschaffen, unterscheidet [174].

Für die Wahl einer Gesamtstrategie für das Fundraising spielen immer auch Rahmenbedingungen eine wichtige Rolle. Eine Auswahl denkbarer Faktoren, die die strategische Ausrichtung einer NPO beeinflussen können, erörtert der nächste Abschnitt.

2.2.1 Strategische Zielperspektiven des Fundraisings

In der Fachliteratur finden sich unterschiedliche Ansätze, die mögliche Rahmenbedingungen und Einflussfaktoren für die Wahl der Fundraising-Strategie aufführen. FISCHER [148] spricht von „fünf strategischen Zielperspektiven" und bezieht sich dabei auf die nachfolgenden Faktoren:

- das Wachstum der NPO
- die Effizienzsteigerung der NPO
- die Pflege der bestehenden Förderer (Bestand)
- das Branding (den Markenaufbau), sowie
- die ökonomische Stabilität der NPO.

Abbildung 2.3 Das Sechseck der Zielperspektiven für das Fundraising

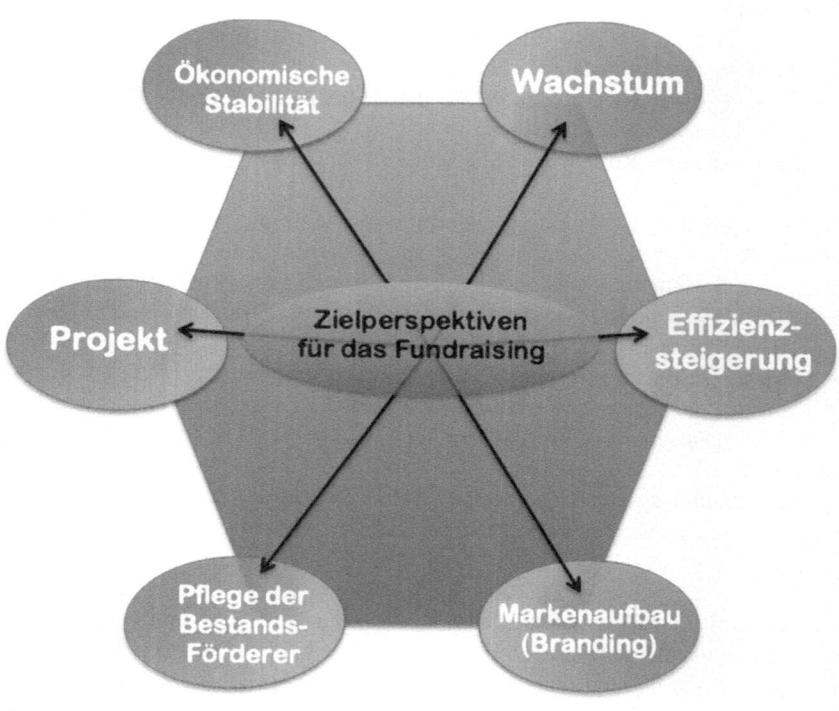

Eigene Darstellung

SIEVERT [175] wiederum beschreibt „drei Säulen des Fundraising", und zwar ebenfalls das Branding und die Zielgruppe (die Förderer), jedoch als weiteren wichtigen Faktor das Hilfsprojekt.

Um alle Aspekte der aktuellen Fachliteratur zu berücksichtigen, wird in der sich nun anschließenden Erläuterung aller möglichen Interdependenzen das „Sechseck der Zielperspektiven für das Fundraising" neu eingeführt.

Hat sich die Organisation das Ziel gesetzt, die *Effizienz steigern* zu wollen, so steht die Kostensenkung im Mittelpunkt des Interesses. Gemäß FISCHER [148] sollte die Hilfsorganisation versuchen, die innerorganisatorische Effizienz und Effektivität des Fundraisings zu verbessern, Medien mit geringeren Kosten bei gleicher Effektivität zu nutzen sowie die Produktions- und Werbekosten zu reduzieren. FISCHER/EHRENFRIED [149] ergänzen diese Aspekte, indem sie das sog. „Massenfundraising" großer Fundraising-Organisationen dem Fundraising kleinerer regionaler Organisationen gegenüber stellen. Demnach können Großorganisationen Einsparungseffekte durch hohe Auflagen erzielen, was Mittelständlern verwehrt bleibt.

Die Bedeutung der Zielperspektive des *Brandings*, dem „Schaffen und Kommunizieren einer Marke" [153] ist im Kontext des erfolgreichen Fundraisings nicht zu verachten.

„Es gilt wie im klassischen Konsumgütermarketing: Die Kunden kaufen ein Produkt, weil sie dem Hersteller zutrauen, dass das Produkt den geweckten Anspruch erfüllt. Die Marke prägt im Non-Profit-Sektor ... das Vertrauen in die Problemlösungskompetenz und Sinnhaftigkeit der Projekte" [175]. FISCHER [148] bestätigt die Wichtigkeit der Marke und sieht für solche etablierten Organisationen eindeutige Marktvorteile – sowohl für die Einwerbung von Spenden als auch für die politische Willensbildung und Beeinflussung der öffentlichen Meinung.

Für eine Effizienzsteigerung im Fundraising ist es zudem unabdingbar, die Zielgruppe der Förderer in den Fokus zu rücken. HAIBACH [152] führt in diesem Zusammenhang an, dass verschiedenartige Fundraising-Aktivitäten unterschiedliche Kosten verursachten. So sei die Gewinnung eines neuen Förderers fünf Mal teurer, als einen bereits bekannten Spender zu einer erneuten Spende zu motivieren. „Gelingt es, die durchschnittliche Dauer einer Spenderbeziehung nur um ein Jahr zu verlängern, kann sich das im Ergebnis der Organisation deutlich ablesen lassen" [148]. Die Gewinnung neuer Spender rentiert sich also nur dann, wenn diese lange bei der Organisation bleiben [175].

Fokussiert sich die Organisation auf *ökonomische Stabilität und Nachhaltigkeit*, sollten mehrere Fundraising-Maßnahmen und -projekte nebeneinander durchgeführt werden. Denn jedes Fundraising-Projekt unterliegt – vergleichbar dem Produktionserzeugnis oder der Dienstleistung – einem Lebenszyklus [148]. Ein solcher Zyklus beschreibt die Umsatz- und Gewinnentwicklung von Produkten über ihre Lebensdauer [160]. Bei Fundraising-Organisationen ist „Umsatz" mit dem akquirierten Spendenvolumen vergleichbar; als Gewinn kann das Spendenaufkommen abzüglich der Gesamtkosten gesehen werden. Für Erkenntnisse über die Effizienz einzelner Fundraising-Maßnahmen sollte jede einzelne Maßnahme zunächst als Profit-Center kalkuliert werden.

Zu Beginn wird die Maßnahme oder das Projekt entwickelt.

Ist diese Phase der Entstehung abgeschlossen, werden im Rahmen des Lebenszyklus mehrere Abschnitte durchlaufen; in diesen ist die Maßnahme oder das Projekt am Markt präsent.

Zuletzt wird die Maßnahme entweder modifiziert, indem sie an mögliche veränderte Rahmenbedingungen angepasst wird, oder sie wird durch andere Maß-

Abbildung 2.4 Erweiterter Produktlebenszyklus

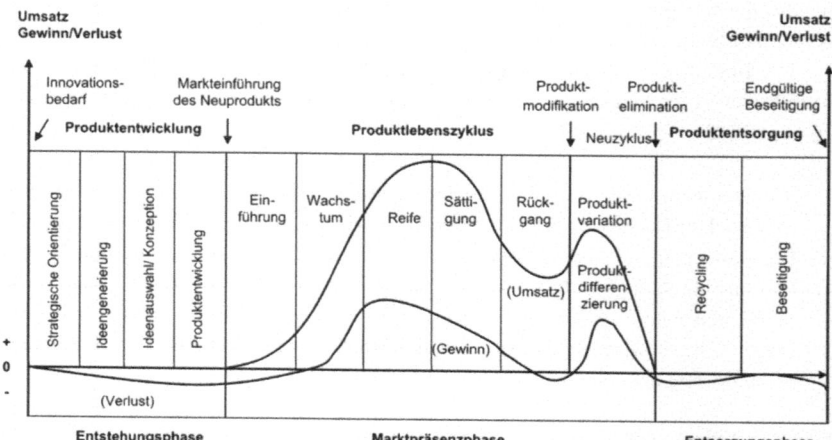

Quelle: [154] 2011: 528

nahmen ersetzt. Handelt es sich um ein Projekt, so wird es abgeschlossen und durch ein neues Projekt abgelöst.

Das Ziel des Fokus auf ökonomischer Stabilität „ist es, ein ausgewogenes Portfolio unterschiedlicher Maßnahmen und Projekte zu haben, um so Einnahmeausfälle [!] mit neuen Projekten begegnen zu können" [148]:

Stehen die *Hilfsprojekte* im Mittelpunkt des Fundraising-Geschehens, so sollte eine nachfrageorientierte Projektthemen-Auswahl getroffen werden. Förderer haben eine eigene Wahrnehmung und springen auf medienwirksame oder emotionale Themen besser an als auf sachliche Spendenaufrufe [175]. Der „Deutsche Spendenmonitor" von tns infratest fragte im Jahr 2011 1 371 deutsche Bürger ab dem vierzehnten Lebensjahr, für welche Zwecke sie vorrangig spenden würden. Hier entschieden sich 31 % für Nothilfeprojekte, 27 % für Kinderprojekte, 25 % für die Behindertenhilfe und 23 % für kirchliche Zwecke[6]. Unter Beibehaltung des organisationsspezifischen Leitbildes und der daran angepassten Projektthemen kann die Effizienz im Fundraising gesteigert werden, indem der Identifizierungsprozess auf Seiten der Förderer vorangetrieben wird.

---

6   vgl. hierzu auch Anlage 1

Entscheidet sich eine NPO für *Wachstum*, so muss im Fundraising konsequenterweise das Spendenvolumen vergrößert werden. Hierzu führt FISCHER [148] folgende drei Möglichkeiten auf:

1. Zunächst sollte die Organisation die Anzahl ihrer Förderer erhöhen. Wird also die Fördererbasis ausgeweitet, kann ceteris paribus von höheren Spendeneinnahmen ausgegangen werden. Für das Fundraising sind vor allem potenzielle Förderer interessant, die der NPO bisher noch unbekannt geblieben sind. Um diese gewinnen zu können, bedarf es gezielter Direktmarketing-Maßnahmen.
2. Im darauf folgenden Schritt kann die NPO versuchen, die Spendenbeträge der bereits bestehenden Förderer zu erhöhen. Das Fundraising müsste eine Bestandssegmentierung vornehmen und zielgruppengerechte Spendenprogramme präsentieren.
3. Abschließend sollte die Hilfsorganisation an der Erhöhung der Spendenfrequenz arbeiten. Beispielsweise können Förderer, die bisher nur einmalig gespendet haben, selektiert und gezielt angeschrieben werden.

Unabhängig davon, welche der aufgeführten Zielperspektiven in den Fokus gerückt wird, ergeben sich zu allen anderen Faktoren entsprechende Interdependenzen. Beispielsweise spricht ein klares Branding die Zielgruppe der Förderer an und macht die Projekte glaubwürdig [175]. „Und nur die richtigen Projekte passen zur Marke und sind für die Zielgruppe relevant" [175].

Eine der bereits erläuterten Zielperspektiven, auf die sich die Fundraising-Abteilung konzentrieren könnte, ist die Zielgruppe. Im Hinblick auf ein ökonomisches Interesse sollte die Hilfsorganisation ihre „Kunden", also die von ihr zu akquirierenden Spender und Förderer, genau kennen. Nur so können Projekte und Maßnahmen exakt auf deren Bedürfnisse zugeschnitten werden – Letztere beleuchtet der folgende Abschnitt.

2.2.2 Alternativen der Förderer-Motivation

Um erfolgreiches Fundraising zu betreiben, muss sich jede Organisation permanent mit folgender Frage auseinandersetzen: Was motiviert die ausgewählte Zielgruppe, unsere Projekte zu unterstützen?

Das Wort „Motivation" stammt aus dem Lateinischen (motivatio [172]). Es beinhaltet das im Deutschen abgeleitete Wort „Motiv" (lat. causa = Antrieb/Beweggrund [173]).

„Motive sind – teilweise mit der Geburt vorhandene, teilweise im Sozialisationsprozess erworbene und ausgeprägte – Verhaltensbereitschaften. Jeder Mensch ist mit einem, vermutlich in einer bestimmten Weise geordneten, Bündel von Motiven (Motivstruktur) ausgestattet" [155].

Im Zusammenhang mit der Zahlung einer Spende kommt folgender Auswahl an Motiven eine zentrale Bedeutung zu:

1. *Ereignisse*
   Beispielsweise Katastrophen, wie die Folgen des Atomunfalles im März 2011 in Japan, können „einen emotionalen Druck beim Menschen aufbauen, der sich im Wunsch zu helfen und in einer Spende entlädt" [148].
2. *Werte und Glaubensgrundsätze* [152]
   Hier handelt es sich beispielsweise um den Glauben, dass man durch eine Spende „die Welt ein Stückchen besser macht". Gleichermaßen könnte es sich auch um die Vision handeln, dass allen Menschen genügend Nahrung zur Verfügung steht. FISCHER [148] nennt die Aktivität der NPO diesbezüglich „Mission-based-Fundraising". Es handele sich um ein gemeinsam geteiltes Werte- und Normensystem sowie eine gemeinsame Zielvorstellung.
3. *Zugehörigkeit zu einer Gemeinschaft* [152]
   Viele Non-Profit-Organisationen bauen auf Menschen, die ehrenamtlich für sie arbeiten. Für den UNICEF e. V. zum Beispiel engagieren sich über 8 000 Freiwillige in 150 Gruppen. Dabei wirbt UNICEF damit, dass diese ehrenamtlich Tätigen der Organisation erst ihr Gesicht gäben [179].
4. *Charismatische Anziehungskraft*
   Im Vordergrund dieses Motivs steht die persönliche Begeisterung für ein Idol oder eine prominente, charismatische Persönlichkeit. Hilfsorganisationen kooperieren dazu gerne mit TV-Prominenten. Bekannt ist beispielsweise die ZDF-Spendengala, die, moderiert durch Carmen Nebel, Projekte der Hilfswerke „Brot für die Welt" und „Misereor" jedes Jahr unterstützt [162].
5. *Ausübung eigenen Einflusses* [152]
   Im Hinblick auf dieses Motiv wirbt z. B. UNICEF mit Sätzen wie: „Treten [Sie] dafür ein, dass jedes Kind die gleichen Rechte hat – auf Gesundheit, auf Bildung, auf Schutz vor Gewalt" [179]. „Helfen [Sie] mit, die Lebensbedingungen von Mädchen und Jungen in aller Welt konkret zu verbessern" [179].
6. *Kompensation*
   Vor allem Menschen aus den vergleichsweise reichen Industrieländern haben das Verlangen, das eigene Gewissen zu beruhigen [152]. Da ihnen die soziale Ungleichheit in der Welt bewusst ist, empfinden sie ihre Spende als eine Art „Ausgleichszahlung", die den Abstand zwischen Arm und Reich verkleinert.

Über diese Motive hinaus nennt NORTON [170] noch folgende weitere Motive:

1. *Überzeugung*
   Der Förderer ist schlichtweg überzeugt worden und möchte daraufhin helfen.
2. *Persönliche Gründe*
   Einige Förderer denken vielleicht darüber nach, dass sie in der Zukunft von schweren Krankheiten wie Krebs, Herzerkrankungen oder einfach altersbedingten Problemen betroffen sein könnten und möchten ihr Erbe für sinnvolle Zwecke einsetzen.
3. *Andenken*
   Ein weiteres Motiv könnte sein, dass die Förderer jemandem ein Andenken schaffen möchten.
4. *Steuerliche Gründe*
   Auch eine staatliche Förderung bzw. steuerliche Befreiung kann einen Förderer motivieren.
5. *Organisationsverbundenheit*
   Der Förderer glaubt daran, dass die Organisation in der Lage ist, die vorhandenen Probleme zu lösen und seine Fördersumme kosteneffizient einzusetzen.

Führt eines der beschriebenen Motive dazu, dass der Förderer der NPO Ressourcen zur Verfügung stellt, resultiert aus diesem Transaktionsprozess ein unmittelbarer Nutzen für den Förderer. Gemäß der „Weg-Ziel-Theorie" von Oswald Neuberger wird der Nutzen in zwei Teile aufgespalten:

- der *intrinsische* Nutzen wird aus Freude, Gefallen am Weg oder Ziel abgeleitet [146]; „er ergibt sich aus den Projekten und Programmen der NPO. Eigene Betroffenheit, die Teilung von Missionen und Visionen, die Teilhabe an der Umsetzung der Projekte und Programme sowie der emotionale Impuls bei der Ansprache können für die Förderer ein wichtiger Anreiz sein, eine Organisation zu unterstützen" [148].
- der *extrinsische* Nutzen ist von Belohnungen für die Wahl des Wegs oder das Erreichen des Ergebnisses abhängig [146]. KLIMECKI/GMÜR [158] sehen in ihm als zentrale Aufgabe den Ausgleich einer fehlenden intrinsischen Motivation. Der extrinsische Nutzen bewegt einen Menschen zu etwas, was dieser nicht von sich aus tun will. FISCHER [148] überträgt ihn in den Non-Profit-Bereich und stellt fest, dass diese Nutzenart erst durch die Fundraising-Aktivität geschaffen werde. Häufig anzutreffende Beispiele sind Jubiläumsspenden, die berufliche Nutzung sozialer Netzwerke über die NPO oder auch ein möglicher Image-/Prestigegewinn.

Nachdem die Non-Profit-Organisation ermittelt hat, was die zuvor eingegrenzte Zielgruppe motiviert, werden verschiedene Marketinginstrumente eingesetzt, um den potenziellen Förderern mögliche extrinsische Nutzen zu präsentieren. Aus diesem Grund führt der folgende Abschnitt eine kleine Auswahl solcher Instrumente auf. Aufgrund der eingangs besprochenen thematischen Fokussierung wird auf die Erläuterung von Patenschaften und Sonderspenden wie Erbschaften, Stiftungen oder auch Bußgeldspenden verzichtet. Ausdrücklich sei darauf hingewiesen, dass es keine Korrelation zwischen dieser Auswahl und dem Stellenwert jedes einzelnen Instrumentes gibt.

2.2.3 Effektivität im Fundraising

Es gibt eine ganze Reihe von Dingen, die getan werden müssen, bevor die NPO tatsächlich um Geld bittet. Das Wichtigste ist das Verständnis des Fundraising-Prozesses und die Qualität, die der Fundraiser braucht, um einen Erfolg daraus zu machen. NORTON stellt heraus, dass die Basis für den erfolgreichen Verkauf der Fundraising-Idee das „Warum?" ist:

- Warum ist diese NPO in der Vergangenheit erfolgreich gewesen?
- Warum ist diese Idee so herausragend?
- Warum macht gerade dieses Projekt den Unterschied?
- Warum handelt es sich hier um eine kosteneffiziente Verwendung des gespendeten Geldes?
- Warum sollten die Förderer gerade diese NPO unterstützen? [170]

EDLES [147] hat sechs Voraussetzungen identifiziert, auf die das erfolgreiche und effektive Fundraising nicht verzichten kann. Jede Einzelne muss erfüllt sein; es gibt keine Verknüpfungen oder Optionen:

a) Die Organisationsziele müssen überzeugend sein, um einen ernsthaften Einsatz der Förderer zu gewährleisten
b) Das Wachstumsverhalten der NPO muss einfach wahrgenommen werden können
c) Die NPO oder ihre Führungspersönlichkeiten müssen sich für die Leute, deren Unterstützung erwartet wird, ins Rampenlicht stellen
d) Der Geschäftsführer der NPO und die ehrenamtliche Führung muss hoch kompetent sein, sich vollständig verpflichtet fühlen, und erprobter, exzellenter Fundraiser sein

e) Die Bedürfnisse, die aus den Kampagnen resultieren, müssen spezifisch, attraktiv und Menschen-orientiert sein und ein Gefühl der Dringlichkeit erwecken
f) Die Ergebnisse der Organisation müssen messbar sein.

Ergänzend dazu haben ALEXANDER und CARLSON [125] neun Gesetzmäßigkeiten für effektives Fundraising auf den Weg gebracht:

1. *Die persönliche Ansprache von Angesicht zu Angesicht ist der effektivste Weg, um Mittel einzuwerben:*
   Dieser Weg lässt es zu, dass die Fragen, die der Förderer haben könnte, direkt beantwortet werden. Zudem kann die Verwendung eines speziellen Schenkungsbetrages direkt beantwortet werden, und es kann der nächste Schritt in Aussicht gestellt werden, um eine Zusage des Förderers zu erhalten.
2. *Einzelspenden, nicht Unternehmens- und Stiftungsmittel, bieten das größte Fundraising-Potenzial:*
   Diese Aussage wird vor allem statistisch gestützt: Über 80 % aller Spenden stammen von einzelnen Personen!
3. *Die Mittel folgen dem Engagement:*
   Diese Gesetzmäßigkeit sagt aus, dass je mehr Kontakt und Verbindungen die angehenden Förderer an die NPO haben, desto eher sind sie bereit, Geld zu geben. Und je mehr die Förderer involviert, engagiert und leidenschaftlich hinsichtlich des Spendenzweckes sind, desto lieber spenden sie.
4. *Sogenannte „Gebotsspenden" können die meisten Fundraising-Probleme lösen:*
   Eine „Gebotsspende" ist die Spende eines Förderers unter der Bedingung, dass andere potenzielle Förderer ebenfalls spenden. Diese Vorgehensweise generiert nicht nur eine verhältnismäßig zu den Fundraising-Bemühungen große Spendensumme, sondern hat auch auf andere Spendenarten Einfluss und stärkt die Position der Fundraiser.
5. *Die Geschäftsführung muss integrativ führen:*
   Dies bedeutet, dass die Manager selbst mit gutem Beispiel vorangehen müssen. Sie müssen als Vorbild dienen und höchstselbst aufzeigen, welcher Weg beschritten werden sollte.
6. *Fundraising sollte persönlich betrieben werden:*
   Eine personalisierte Spendenwerbung zeigt den Förderern, dass die Organisation sie kennt, und sorgt somit für eine bessere Bindung zu ihnen. Dies betrifft Direktmailings, spezielle Events, Spendenaktionen und telefonische Spendenwerbung. Es sollte stets versucht werden, eine größtmögliche Personalisierungsrate zu erreichen.

7. *Ehrenamtlichen sollte vollstes Vertrauen entgegengebracht werden:*
   Nachhaltig und leistungsfähig arbeitende Freiwillige sind hinsichtlich des Werbens um Spendengelder unersetzbar für jede NPO. Allerdings gilt dies lediglich für wirklich leistungsfähige Mitarbeiter. Diese wiederum verleihen der jeweiligen NPO eine enorme Glaubwürdigkeit, da auf sie eben nicht der allgemein bekannte Spruch „Wes Brot ich ess, des Lied ich sing" zutrifft. Vielmehr verrichten sie ihre Arbeit im Namen der Hilfsorganisation aus der Überzeugung heraus, selbst etwas Positives bewirken zu können. Dies übt wiederum eine einflussreiche Vorbildfunktion auf Menschen im entsprechenden Umfeld aus.
8. *Es sollte stets versucht werden, Förderern Möglichkeiten anzubieten:*
   Wenn ein Förderer den Fundraiser einer NPO fragen, aus welchem Grund er einen Förderbetrag geben sollte, muss der Fundraiser sowohl emotional als auch rational argumentieren. Denn jeder Förderer möchte sich der umsichtigen Verwendung des von ihm gespendeten Betrages sicher sein. Es geht also darum, die eigenen Alleinstellungsmerkmale heraus zu stellen, um sich gegenüber den konkurrierenden Nonprofit-Sammelstellen hervor zu heben.
9. *Fundraising sollte als sequentielle Abfolge betrieben werden mit dem Start bei den größten Spenden:*
   „Sequentielles Fundraising" bedeutet, der betroffenen Kampagne positive Antriebskräfte zu verleihen. Dies kann erreicht werden, indem die größten Spenden zuerst versucht werden, zu sichern. Erst danach soll sich mit allen kleineren Spenden befasst werden. Das „sequentielle Fundraising" ermöglicht der NPO eine Messung des Werbe-Erfolges und das Setzen einer Benchmark für weitere Aktivitäten. Zudem gleicht es Fehler aus, indem relativ früh ersichtlich wird, zu welchem Grad das Fundraising-Ziel alleine mit den größten Spenden erreicht worden ist.

2.3 Ausgewählte Formen des Fundraisings

> „To give away money is an easy matter and in any man's power. But to decide to whom to give it, and how large, and when, and for what purpose and how, is neither in every man's power nor an easy matter ..."
> *(Aristoteles)*

Die meisten Hilfsorganisationen betreiben Fundraising mit den unterschiedlichsten Methoden, um jede Zielgruppe erreichen zu können. Nachfolgend wird auf Formen eingegangen, die entweder ausnahmslos alle NPO kommunizieren (Anlass-/Aufwandsspenden und Stiftungen), oder auf Formen, die innerhalb der letzten Jahre an Bedeutung gewonnen haben (Internet-Fundraising). Zusätzlich soll das Fundraising über Prominente thematisiert werden.

2.3.1 Anlass- und Aufwandsspenden

Anlass-Spenden sind Geschenke oder Zuwendungen, die zu einem gegebenen Anlass auf Wunsch des Betroffenen einer gemeinnützigen Organisation als Spende gegeben werden [153].
Anlässe im *privaten Bereich* können z. B. Folgende sein:

- Geburt eines gesunden Kindes
  Als denkbare „Kompensation" für die eigene Gesundheit wird zum Spenden für kranke Kinder aufgerufen.
- Hochzeit und Geburtstag
  Ist materiell alles Nötige vorhanden, wünschen sich viele Menschen „Spenden statt Geschenke".
- Beerdigung
  Häufig wird in Traueranzeigen um eine „Kondolenzspende" im Sinne des Verstorbenen gebeten.

Anlässe im *gewerblichen Bereich* sind beispielsweise:

- Jubiläen
- Donation Days
  Soziales Engagement von Unternehmen, um anlassbezogen die mediale Aufmerksamkeit zu erregen [176].
- Sponsoren-/Spendenläufe (Sport)
  Der Läufer wirbt möglichst viele persönliche Sponsoren, die ihn mit einem bestimmten Betrag für zumeist definierte Leistungseinheiten unterstützen. Das Ziel ist die Zuwendung des Ertrags an eine Hilfsorganisation [153]. Sponsoren-/Spendenläufe sind in Deutschland weit verbreitet und werden in großer Anzahl durchgeführt[7].

Die im ersten Kapitel vorgestellten drei Non-Profit-Organisationen bewerben diese Spendenform alle auf Ihren Webseiten [180][132][163].

---

7   gem. Suche bei Google für Deutschland = 450 000 Ergebnisse (Stand: 15. 09. 2012).

Aufwandsspenden sind Aufwendungen zugunsten einer Hilfsorganisation, wenn auf die Erstattung dieser Leistungen verzichtet wird [144]. Folgende Aufwendungen sind grundsätzlich denkbar:

- Telefon-/Internetgebühren
- Portokosten
- Übernachtungskosten
- Kosten für Büromaterial
- Fahrtkosten
- Teilnehmergebühren (für Messen/Kongresse/Seminare etc.)
- Eine solche oder ähnliche Aufwendung ohne Ersatz kann allerdings nur dann als Aufwandsspende verbucht werden, wenn diese auch in Rechnung gestellt werden könnte [159].

Der nächste Abschnitt befasst sich überblickartig mit der Fundraising-Form der „Stiftung".

2.3.2 Stiftungen

„Stiften" heißt, Vermögen auf Dauer einer definierten Projektarbeit einer gemeinnützigen Organisation zu widmen. Das in eine Stiftung eingebrachte Vermögen bleibt in seinem Bestand erhalten. Eine Stiftung arbeitet mit den regelmäßigen Erträgen, die das Stiftungsvermögen erwirtschaftet [181].

Stand Dezember 2011 gab es in Deutschland 18 946 Stiftungen; davon 817 Neugründungen im Jahr 2011. Die beliebtesten Bundesländer, um eine Stiftung ins Leben zu rufen, sind derzeit Nordrhein-Westfalen, Bayern und Baden-Württemberg.

Die größte deutsche Stiftung Stand 2011 ist die Robert Bosch Stiftung GmbH mit einem Buchwert in Höhe von 5,1 Milliarden Euro [131]. Abbildung 2.6 gibt einen tabellarischen Überblick über die derzeit größten Stiftungen privaten Rechts nach Vermögen.

GRÜNHAUPT [151] führt folgende Auswahl an Erscheinungsformen auf:

- *Örtlich:* Stiftung, die einer kommunalen Gemeinde für regionale, öffentliche Aufgaben zur Verfügung steht.
- *Kirchlich:* Stiftung, die kirchlichen Zwecken dient und von dieser verwaltet wird.
- *Familiär:* Privatnützige Stiftung zur Förderung Angehöriger einzelner oder mehrerer Familien.

Ausgewählte Formen des Fundraisings

Abbildung 2.5 Rechtsfähige Stiftungen des bürgerlichen Rechts, Stand 31. Dezember 2011. Stiftungen in Zahlen 2011

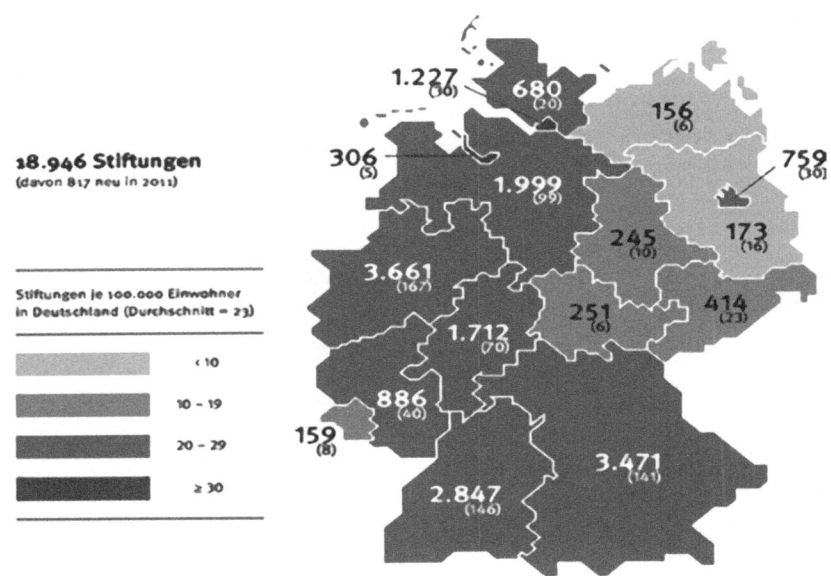

Quelle: [130]

- *Gemeinschaftlich:* Zusammenschluss von einer Vielzahl von Stiftern, die das Grundstockvermögen für einen gemeinsamen Zweck aus ihrem Lebensumfeld aufbringen.

Alle drei vorgestellten NPO aus dem zweiten Kapitel haben zusätzlich zum Verein eine selbstständige Stiftung gegründet [133][164][182]. Entscheidet sich ein Förderer für das Stiften, stehen ihm folgende Möglichkeiten offen:

- das „Zustiften"
  Mit einer Zustiftung wird das vorhandene Kapital – und damit die daraus resultierenden Erträge – einer bestehenden Stiftung aufgestockt. Nur die Erträge werden in Projekte investiert; das Kapital bleibt vollständig erhalten [183][134].

Abbildung 2.6 Die größten Stiftungen privaten Rechts nach Vermögen

Name	Vermögen in Euro
Robert Bosch Stiftung GmbH	5.126.918.000 B
Dietmar-Hopp-Stiftung ggGmbH	3.400.000.000 V
Else Kröner-Fresenius-Stiftung	2.900.000.000 V
VolkswagenStiftung	2.457.544.000 V
Baden-Württemberg Stiftung gGmbH	2.243.078.000 B
Deutsche Bundesstiftung Umwelt	1.986.394.000 B
Klaus Tschira Stiftung ggGmbH	1.960.962.000 B
Joachim Herz Stiftung	1.300.000.000 B
Software AG-Stiftung	1.288.170.000 V
Alfried Krupp von Bohlen und Halbach-Stiftung	1.066.803.000 B
Gemeinnützige Hertie-Stiftung	886.000.000 V
ZEIT-Stiftung Ebelin und Gerd Bucerius	731.764.000 B
Bertelsmann Stiftung	618.998.000 B
Körber-Stiftung	515.000.000 B
Fritz Thyssen Stiftung	425.269.000 B

Finanzdaten aus 2010
B: Buchwert, V: Verkehrswert

Quelle: [131] Folie 11

- der Stiftungsfonds
 Hierbei handelt es sich um eine zweckgebundene, selbstständige Stiftung. Der Stiftungszweck und der Fondsname kann vonseiten des Förderers festgelegt werden [135].
- die Treuhandstiftung
 Die Treuhandstiftung wird unselbstständig unter dem Dach der bereits vorhandenen Stiftung der jeweiligen NPO installiert, die gleichzeitig die Treuhandeigenschaft wahrnimmt. Das Kapital der Treuhandstiftung wird in einem gesonderten Depot angelegt; nur die Erträge werden in festgelegte Projekte investiert [183][136][165].

Über diese Möglichkeiten hinaus gibt es weitere Sonderformen des Stiftens. Beispielsweise wirbt die Welthungerhilfe Förderer für die Gewährung sogenannter „Stifterdarlehen". Im Unterschied zum „Zustiften" überlässt der Spender der bestehenden Stiftung einen Geldbetrag lediglich auf zuvor festgelegte Zeit.

Die Zinserträge kommen allerdings nicht dem Förderer, sondern einem Hilfsprojekt zugute [137].

Die UNICEF-Stiftung schlägt Interessierten das „Stiften durch Testament" vor. Dabei würde die Stiftung als Vermächtnisnehmer bzw. Miterbe testamentarisch oder auch erbvertraglich eingesetzt [183].

Der sich anschließende Abschnitt thematisiert das Fundraising mit Hilfe des Internets, das innerhalb des vergangenen Jahrzehnts stark an Bedeutung gewonnen hat.

2.3.3 Internet-Fundraising

Das Internet gilt im Marketing mittlerweile als das wichtigste Medium, wenn es um die Vorbereitung von Kaufentscheidungen geht. Je komplexer eine Dienstleistung ist (z. B. das Fundraising einer NPO), desto eher wird das Internet als Medium zur Informationsbeschaffung genutzt [190]. KIEFER [157] ergänzt, der dritte Sektor unterliege zudem einem wachsenden Konkurrenzdruck um finanzielle Ressourcen, Mitglieder, Kooperationspartner und öffentlicher Aufmerksamkeit.

Abbildung 2.7 Zahlungswege und durchschnittliche Höhe der Einzelspenden (in €) zwischen 01.07.2004 und 30.06.2005

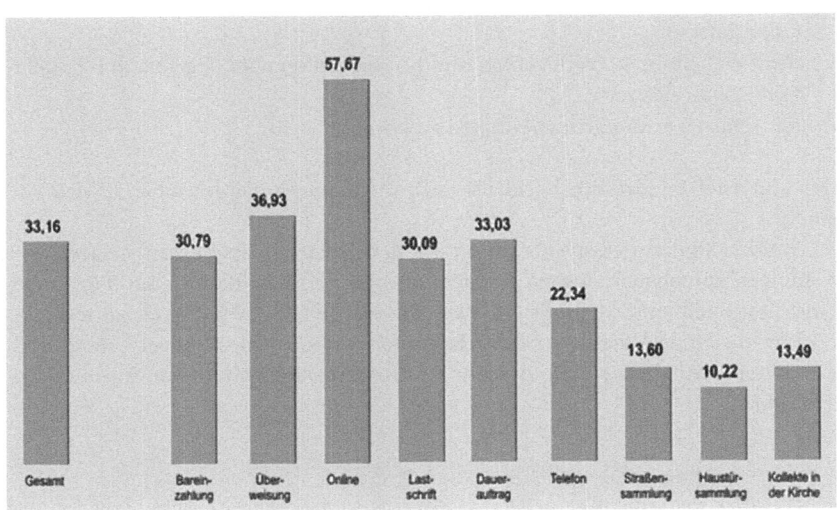

Quelle: GfK – Charity*Scope [145]

Die veränderten Wettbewerbsbedingungen erforderten eine Professionalisierung der Fundraising- und Kommunikationsarbeit. BREIDENBACH [128] stellt fest, dass die nächste Spendengeneration bereits heute im Netz lebt, und erwartet, dass sie sich dort auch sozial engagieren kann. Durch neue Zielgruppen sowie einer größeren Glaubwürdigkeit als Folge von Transparenz wird das Spendenvolumen erhöht.

Dies zeigt auch Abbildung 2.7 mit dem Ergebnis einer Befragung von etwa 4 000 deutschen Bundesbürgern für den „Spendenmonitor 2005" eindrucksvoll.

Eine Studie der Altruja GmbH aus dem Jahr 2011 hat 371 gemeinnützige Hilfsorganisationen zum Thema „Online-Fundraising" befragt. Auf die Frage, welches die aktuell wichtigsten Fundraising-Kanäle seien, nahm die Online-Generierung von Spenden bereits den fünften Platz ein[8] [126]. Die Frage, ob die jeweilige Organisation bereits Online-Fundraising betreibe, wurde zu 50 % positiv beantwortet; etwa zwei Drittel der Nichtnutzer planten aber zukünftig aktiv zu werden. Vordergründig sei mangelndes Personal, Know-How, geringe zeitliche Ressourcen oder auch eine zu geringe Budgetausstattung dafür verantwortlich, dass diese Fundraising-Form ungenutzt geblieben sei [126].

Dabei zeichnet sich das Internet durch die folgende Auswahl an Besonderheiten aus:

- Es stellt eine kostengünstige Kommunikationsform dar, die mühelos Zeit und Raum überwindet;
- es treten Menschen miteinander in Kontakt, die dies ohne Internet so nicht gekonnt haben;
- die Zweiteilung in Produzenten und Konsumenten wird abgelöst durch kollaborative Strukturen;
- das Internet ermöglicht es Nischen zu florieren [128].

Das „Internet-Fundraising" schließt auch die Kommunikation über *E-Mailings* ein.

E-Mails sind ein exzellenter Weg, um den Bekanntheitsgrad zu steigern, Beziehungen aufzubauen und zu festigen, und Förderer zu akquirieren. Für junge Organisationen sind Mailings ein Weg, die eigene Glaubwürdigkeit zu festigen. Und für diejenigen, die Personal suchen oder ein begrenztes Budget haben, sind E-Mails eine Möglichkeit, die zu mehr Wettbewerbsfähigkeit im Fundraising-Umfeld führt.

---

[8] Die ersten vier Plätze nahmen folgende Kanäle ein: Unternehmensspenden, Mailings, Mitgliedsbeiträge und staatliche Hilfen.

Folgender Nutzen kann unter Anderem aus E-Mailings gezogen werden:

- Stärkung der Kampagne
- Forcieren vor allem kleinerer Zuwendungen
- Bewerbung von Unterlagen zu neuen Kampagnen, indem die Empfänger dazu gebracht werden, die E-Mail an Freunde, Verwandte und Kollegen weiter zu leiten
- Empfänger können dazu gebracht werden, die Website der Organisation zu besuchen
- Ermittlung der Interessen des Empfängers. Umfragen sind typisch für E-Mails
- Ankündigung eines Werbevorhabens (Umgehung der unmittelbaren Kaltakquise)
- Motivierung interessierter Menschen, sich zu engagieren
- Anwerbung von Freiwilligen für spezielle Events
- Reduzierung des Druck-Budgets [147].

Zu dem Begriff des „Online-Fundraisings" gehört immer häufiger auch die Integration und aktive Nutzung *sozialer Netzwerke,* dem „Social Web". So erfragte die Studie der Altruja GmbH, welche Social-Media-Netzwerke die jeweilige NPO bereits nutze. Demnach werden Facebook, YouTube, Twitter und XING am meisten genutzt [126]. Über diese Portale treten die Organisationen über Blogs in direkten Kontakt zu ihren Stakeholdern. Beispielsweise postet MISEREOR auf Facebook Neuigkeiten [165][9], und die Welthungerhilfe unterhält eine eindrucksvoll bebilderte Unternehmensseite mit zahlreichen Kurzfilmen im Portal YouTube (siehe Abbildung 2.8).

UNICEF präsentiert sich mit Hilfe einer umfangreichen Profildarstellung im Netzwerk XING, um sich mit anderen Portalmitgliedern zu verlinken, News mitzuteilen oder auch auf Events aufmerksam zu machen [184][10]. „Begünstigte können bloggen, ob die Arbeit einer Organisation ihr Leben positiv verändert hat oder auch nicht. Besucher können sich Projekte ansehen und über das Gesehene berichten. Spender und ehrenamtliche Mitarbeiter können über ihre Erfahrungen mit einer Organisation berichten" [128]. Einige Organisationen nutzen zusätzlich auch Anbieter wie Flickr oder Google Maps, um ihren Förderern die Verwendung ihrer Spendengelder aufzuzeigen [157].

Die Studie lässt also klar erkennen, dass das Medium „Internet" extrem wichtig auch für Nonprofit-Kampagnen geworden ist. Jede Hilfsorganisation sollte, so-

---

9 Vgl. Abbildung 2.26
10 Vgl. Abbildung 2.27

Abbildung 2.8 Die Deutsche Welthungerhilfe e. V. auf YouTube

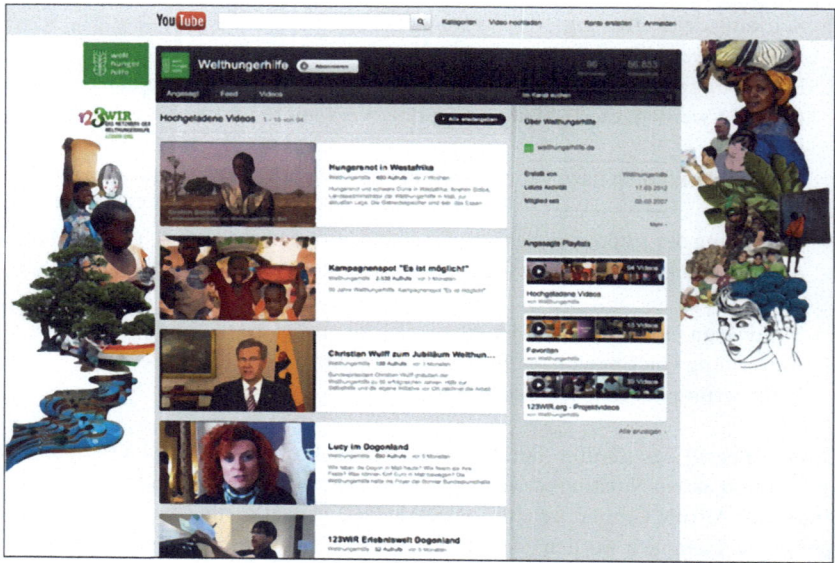

Quelle: [138]

fern nicht bereits geschehen, ihren unternehmensindividuellen Zugang in die digitale Welt finden und diesen weiter ausbauen.

Weiterhin könnten die folgenden *Gründe* ebenso entscheidend sein, weshalb die *Präsenz* eines Nonprofit-Unternehmens *im Internet* so wichtig ist:

- Um klar und sofort informiert zu sein über den Unternehmensnamen, die Identität, den Status der Gewinnverwendung, die Unternehmensmission und -zweck;
- Um einfachen Zugang zu alternativen Kontaktinformationen als nur die Angaben über Website und E-Mail zu bekommen;
- Um der Öffentlichkeit darlegen zu können, dass alle Logos, Marken und andere Identifizierungsmerkmale, Sponsoring und/oder Indossierungen, die die Organisation verwendet, gerechtfertigt verwendet werden und aktuell sind;
- Um als Förderer sofort darüber informiert zu sein, ob eine geplante Zuwendung steuerlich gefördert wird bzw. inwieweit eine solche Förderung gesetzlich limitiert ist;

- Um sich darüber informieren zu können, inwiefern alle Online-Transaktionen und Online-Zuwendungen über ein sicheres System abgewickelt werden, welches die privaten Daten des Förderers vor Fremdzugriffen schützt;
- Um Transparenz zu zeigen hinsichtlich der beworbenen Projekte, ob die Zuwendungen dem Zweck direkt zugeordnet werden oder über eine dritte Partei abgewickelt wird;
- Um einen einfachen und schnellen Zugang zu der organisations-individuellen Datenschutzrichtlinie zu bekommen, und um klar und eindeutig darüber informiert zu werden, welche Informationen die Organisation über die Förderer erfasst und nutzt;
- Um klar ausschließen zu können, dass Daten an andere Organisationen verkauft oder übermittelt werden, oder solche vonseiten anderer Organisationen erworben werden; und
- Um sich als Interessent für den Erhalt zukünftiger Informationen eintragen zu können [147].

Trotz dieser zahlreich genannten Pro-Argumente sollten die web-aktiven Organisationen allerdings einige grundlegende, online-spezifische Probleme beachten:

1. *Informelle Reizüberflutung*
   Das Internet bietet schier unbegrenzte Möglichkeiten der Informationsweitergabe. Da dies in vielen Fällen zugleich sehr kostengünstig erfolgen kann, besteht schnell die Gefahr, die gewählte Zielgruppe informell zu überfordern. Fundraiser sollten darauf achten, nur die nötigsten Informationen prägnant und eindeutig online zu präsentieren.
2. *Fehlende Haptik*
   Im Internet sind lediglich digitale Informationen verfügbar. Von insgesamt fünf Sinnesorganen können lediglich zwei Organe (Augen und Ohren) angesprochen werden.
3. *Viren-Gefahr*
   Anders als mit Erhalt einer Post-Sendung, kann mit dem Besuch von Webseiten die Gefahr der Virenübertragung bestehen. Solche Viren, möglicherweise auch „Trojaner", gelangen aufgrund der aktiven Internet-Verbindung unbefugt auf den Computer und können dort Schaden anrichten.

Der nächste und letzte Teil dieses Abschnittes über die Fundraising-Formen thematisiert die Spenden-Einwerbung und Imagepflege über Prominente.

2.3.4 Prominenten-Fundraising

Non-Profit-Organisationen sind einerseits darauf angewiesen, ihre Mission einer breiten Öffentlichkeit bekannt zu machen, denn nur auf diese Weise ist es dauerhaft realistisch, nennenswerte Förderbeträge als Spenden einzuwerben. Andererseits gibt es keine vergleichbar großen Marketingbudgets mit denen eines Profit-Unternehmens. Eine von mehreren denkbaren Lösungsansätzen ist der Einsatz eines prominenten Fürsprechers.

Den richtigen Prominenten in ein Event zu involvieren, kann den Unterschied machen – es kann Menschen darin bestärken, vorbei zu kommen, der Veranstaltung den „Wohlfühl-Faktor" zu verleihen, und mit ziemlicher Gewissheit durch eine mediale Berichterstattung Unterstützung erfahren [170].

Zunächst stellt sich allerdings die Frage, welche Kriterien der ideale Prominente aus Sicht der Non-Profit-Organisation erfüllen sollte.

Folgende Anhaltspunkte bieten sich als Maßstab an:

a) *Zielgruppen-Adäquatheit*
   Mit einer (prominenten) Persönlichkeit alle erdenklichen Zielgruppen abzudecken, ist nahezu unrealistisch. Daher ist im ersten Schritt die relevante Zielgruppe zu identifizieren, um diese im nächsten Schritt als Basis für die Wahl des Prominenten zu anzunehmen.
b) *Zielsetzung der NPO*
   Ist es für die NPO von Bedeutung, ihr Netzwerk mit Profit-Unternehmen aus der Wirtschaft zu erweitern, sollte vorzugsweise ein beliebter Politiker oder das Vorstandsmitglied eines bekannten Unternehmens gesucht werden. Steht allerdings die breite Medienpräsenz im Fokus, käme beispielsweise ein bekannter Moderator oder ein erfolgreicher Popstar eher in Frage.
c) *Erwartungen an den Prominenten*
   Die Hilfsorganisation sollte sich bereits vor Anbahnung der ersten Gespräche mit dem Prominenten im Klaren darüber sein, welche Aufgaben dieser erfüllen soll. Dabei spielt zum einen die Art der Aufgabe, zu anderen auch der Aufgabenumfang eine große Rolle.
d) *Erwartungen des Prominenten an die NPO* [156].
   Oftmals ist es der prominenten Persönlichkeit wichtig, sich für einen sinnvollen Zweck zu engagieren und beispielsweise sozial benachteiligten Menschen zu helfen. „Dabei ist es trotzdem vollkommen legitim, dass er oder sie sich eine positive Auswirkung des Engagements erwartet, z. B. eine Profilierung des eigenen Images, eine breite Medienberichterstattung oder die Vermittlung von interessanten Kontakten" [148].

Eine wichtige Frage ist, was einen geeigneten Prominenten eigentlich auszeichnet. Michael Norton, einer der bekanntesten Autoren zum Thema Fundraising aus Großbritannien, benennt hierzu vier klassifizierende Prominenten-Gruppen (A–D) [170]. Nachfolgend werden einige Beispiele für die jeweiligen Gruppen aufgeführt:

- *A-Prominente:*
  Hierunter fallen Stars aus TV-Serien; Sportler mit olympischem Gold; international bekannte Stars (wie z. b. Madonna oder Bon Geldorf); der Bundespräsident oder die Queen.
- *B-Prominente:*
  Sehr bekannte TV-Gesichter; berühmte Theater-Schauspieler; über lange Zeit tätige Minister; Erzbischöfe.
- *C-Prominente:*
  Ein Schlagzeuger aus einer bekannten Band; Bestseller-Autoren; minderjährige Adlige.
- *D-Prominente:*
  Gemeinderäte; alle, die vor mindestens fünfzehn Jahren B-Prominente gewesen sind; Vorstände und Geschäftsführer regionaler Großunternehmen.

Organisationen wie UNICEF setzen unterschiedliche prominente Fürsprecher als „Botschafter" ein. Beispielsweise setzt sich die weltweit bekannte und erfolgreiche Sängerin Shakira für Bildungs- und Vorschulprojekte ein und sieht dies als einzige Chance für benachteiligte Kinder auf eine bessere Zukunft [185]. Dabei verbessert UNICEF das eigene Image und ist zugleich in den Medien präsent.

Die Welthungerhilfe hingegen setzt bekannte Persönlichkeiten auf wichtige Positionen, die die Organisation nach außen repräsentieren. So bekleidet Bärbel Dieckmann, bis 2009 Mitglied des Präsidiums und gleichzeitig des Parteivorstandes der SPD, das Ehrenamt als *Präsidentin* [187]. Die Position des *Vizepräsidenten* hat Prof. Dr. Klaus Töpfer inne. der bis zum Jahr 1998 als Mitglied des Deutschen Bundestages als Bundesminister für Raumordnung, Bauwesen und Städtebau tätig war. Sein Lebenswerk, für das er u. a. den Deutschen Nachhaltigkeitspreis verliehen bekommen hat, ist mit Sicherheit eine herausragende Gelegenheit, die Welthungerhilfe kommunikativ inner- wie außerorganisatorisch zu unterstützen. Doch auch seine Projektthemen-verwandte Expertise wird der Organisation sehr weiterhelfen [140].

Auch sog. „*Testimonials*" können im Zusammenhang mit Prominenten von Nutzen sein. Diesbezüglich hat MISEREOR zum 50. Jubiläum eine Plakatkampagne gestartet, in der über zwanzig verschiedene Prominente auf die Hungersnot in der Welt hinweisen [166]. „Werbung mit Promis fällt mehr auf", sagten 61,5 Prozent. Dass sie sich auch sehr positiv auf die Wahrnehmung der Marke auswirkt, bestätigen 46,1 Prozent" [156].

Über die genannten Möglichkeiten hinaus gibt es zahlreiche weitere Optionen, Prominente für die Mission der jeweiligen Hilfsorganisation effektiv einzusetzen; sei es in Form von Mailings, Postwurfsendungen, Events, Lesungen oder Autogrammstunden.

Die Grundlage für die Wahl einer passenden Fundraising-Form sind gute Kenntnisse über die Zielgruppe. Diese erarbeitet der nun folgende Abschnitt.

2.4 Anforderungen der Förderer an Non-Profit-Organisationen

Die allseits diskutierte These, auch Finanzinvestoren seien für die Hungersnot in vielen Ländern dieser Welt mitverantwortlich, wurde in Abschnitt 2.3 kritisch erörtert. Es konnte festgestellt werden, dass es mittlerweile mehrere wissenschaftliche Studien gibt, die diese These untermauern.

In der Fachliteratur und den aktuellen Medien werden gerne vor allem die konträren Meinungen der Hilfsorganisationen und der Investoren (z. B. Fondsmanager) gegenübergestellt. Neben diesen beiden Parteien gibt es aber auch die Sichtweise der Spender bzw. Förderer, die den NPO als Basis dienen sollte. Da sich ein Meinungsspiegel dieser Interessengruppe leider nur indirekt und verhältnismäßig ungenau über Veröffentlichungen der Hilfsorganisationen ableiten lässt, widmet sich dieser letzte Abschnitt den Anforderungen der Förderer. Diese Anforderungen können als eine der Voraussetzungen für erfolgreiches Fundraising gesehen werden.

Im Folgenden wird die Auswertung einer zuvor durchgeführten Online-Befragung erörtert, deren Teilnehmer potenzielle Förderer sind.

2.4.1 Online-Befragung zum Thema „Spenden für Hungeropfer steigender Agrarprodukt-Preise"

Zwischen dem 08.02. bis 20.02.2012 wurde eine Online-Befragung zum Thema „Spenden für Hungeropfer steigender Agrarprodukt-Preise" durchgeführt. Hierzu standen dem Autor nur wenige Hundert mögliche Teilnehmer zur Verfügung; dennoch war die Zielsetzung, eine repräsentative Grundgesamtheit für ein realistisches Ergebnis zu erhalten. Das Adressmaterial wurde zum Zwecke dieser Umfrage von einem großen norddeutschen Verlag erworben. Als Instrument zur Durchführung der Online-Befragung fiel die Wahl nach eingehender Recherche auf das Tool „2ask", da dieser Anbieter verhältnismäßig günstig eine Vielfalt an Gestaltungsmöglichkeiten im Erstellungsprozess der Umfrageschablonen zulässt. Zudem erlaubte das Tool eine zeitsparende, effiziente Auswertung der abgeschlossenen Befragung.

Alle potenziellen Teilnehmer wurden zu Beginn per E-Mail über das Umfrage-Tool mit einem personalisierten Link angeschrieben; somit war eine Mehrfachbeantwortung ausgeschlossen. Effektiv nahm eine Stichprobe von 312 Befragten an der Umfrage teil.

Vorausgehend zu einer empirischen Erhebung ist eine präzise Definition der Zielgruppe entscheidend, um das beabsichtigte Umfrageergebnis nicht zu verzerren. Für diese Befragung war die Meinung derjenigen interessant, die weder erwerbsmäßig noch ehrenamtlich in einer NPO tätig waren, wie Abbildung 2.9 darstellt.

Da dieses Kriterium für den vorliegenden Datenbestand nicht bekannt war, schieden mithin 14,7 % der Teilnehmer aufgrund der Frage nach ihrer Berufstätigkeit aus (vgl. Anlage 10).

Um für die verbleibenden 85,3 %[11] eine einheitliche Wissensbasis für den weiteren Verlauf der Befragung sicherzustellen, wurden die Teilnehmer gefragt, ob ihnen ein Zusammenhang zwischen steigenden Agrarprodukt-Preisen und Börsenspekulationen bekannt sei (vgl. Anlage 5). Abbildung 2.11 zeigt als Ergebnis, dass etwa 76 %, also mithin 202 Befragte, über genügend Wissen darüber verfügten.

Die restlichen 24 % bzw. 64 Teilnehmer wurden im nächsten Schritt konsequenterweise mit einem kurzen Text überblickartig über die Zusammenhänge informiert, wie Abbildung 2.12 darstellt.

Da es, wie die Erläuterung aus dem ersten Kapitel[12] zeigt, kontroverse Ansichten über die Wirkungszusammenhänge zwischen Börsenspekulationen und Nahrungsmittelpreisen gibt, wurde auf vorhandene Studien verwiesen und eine aus mehreren denkbaren logisch nachvollziehbare Begründung angeführt.

Als sich anschließende Frage wurden wiederum alle verbliebenen Teilnehmer gefragt, ob die Spekulation mit Nahrungsmitteln verboten werden solle (vgl. Anlage 6). Für ein absolutes Verbot sprachen sich etwa 79 % bzw. 210 Teilnehmer von ihnen aus; weitere 19 %, also 51 Befragte, wünschten sich solche Spekulationen zumindest gerne staatlich eingeschränkt.

---

11 Diese 266 Befragten werden im weiteren Verlauf der Auswertung als Basis = 100 angenommen
12 vgl. Abschnitt 1.3

Abbildung 2.9 Frage 1 der Online-Befragung „Spenden für Hungeropfer steigender Agrarprodukt-Preise"

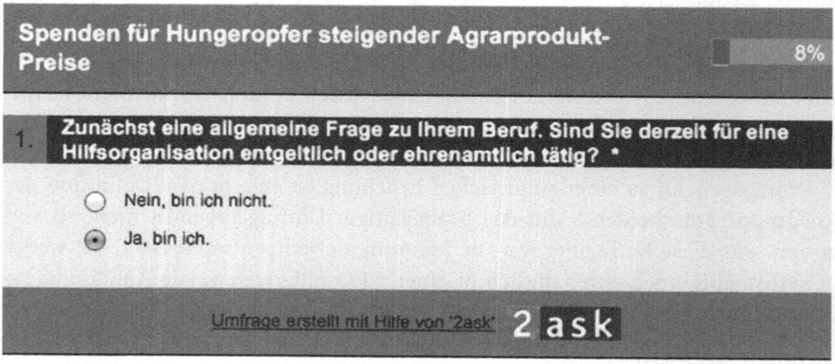

Spenden für Hungeropfer steigender Agrarprodukt-Preise — 8%

1. Zunächst eine allgemeine Frage zu Ihrem Beruf. Sind Sie derzeit für eine Hilfsorganisation entgeltlich oder ehrenamtlich tätig? *

   ○ Nein, bin ich nicht.
   ⦿ Ja, bin ich.

Umfrage erstellt mit Hilfe von '2ask' **2 ask**

Quelle: Eigene Umfrage über 2ask

Abbildung 2.10 Filter zu Frage 1 der Online-Befragung „Spenden für Hungeropfer steigender Agrarprodukt-Preise"

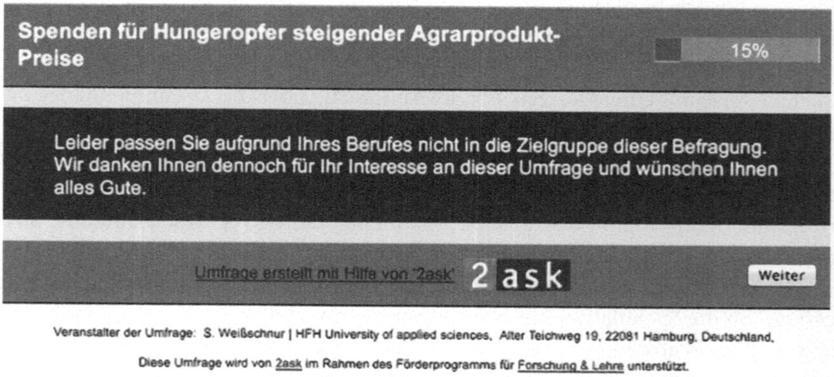

Spenden für Hungeropfer steigender Agrarprodukt-Preise — 15%

Leider passen Sie aufgrund Ihres Berufes nicht in die Zielgruppe dieser Befragung. Wir danken Ihnen dennoch für Ihr Interesse an dieser Umfrage und wünschen Ihnen alles Gute.

Umfrage erstellt mit Hilfe von '2ask' **2 ask** [Weiter]

Veranstalter der Umfrage: S. Weißschnur | HFH University of applied sciences, Alter Teichweg 19, 22081 Hamburg, Deutschland.
Diese Umfrage wird von 2ask im Rahmen des Förderprogramms für Forschung & Lehre unterstützt.

Quelle: Eigene Umfrage über 2ask

Anforderungen der Förderer an Non-Profit-Organisationen 89

Abbildung 2.11 Auswertung zur Anlage 5 bzw. Frage 2

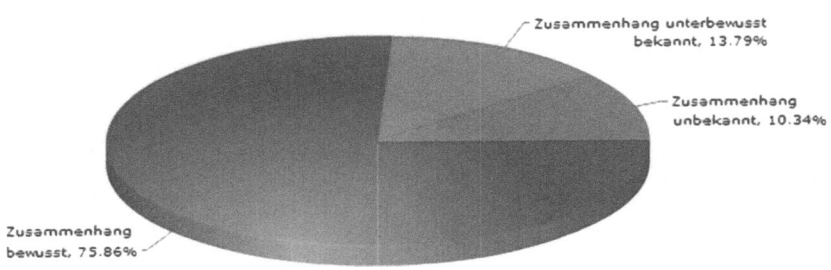

In Anlehnung an Auswertungstool von 2ask

Abbildung 2.12 Filter zu Frage 2 der Online-Befragung „Spenden für Hungeropfer steigender Agrarprodukt-Preise"

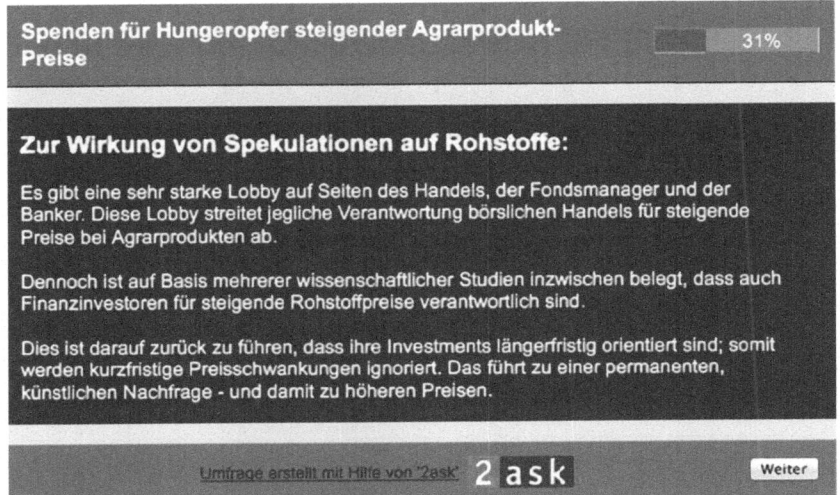

Quelle: Eigene Umfrage über 2ask

Abbildung 2.13 Auswertung zu Anlage 11 bzw. Frage 3

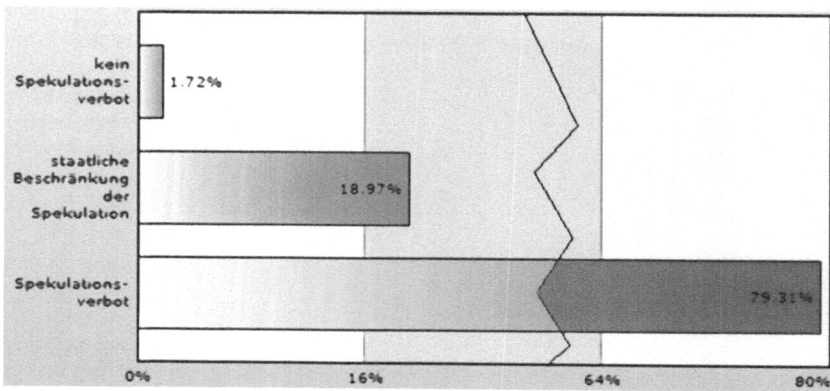

In Anlehnung an Auswertungstool von 2ask

Abbildung 2.14 Frage 4 der Online-Befragung „Spenden für Hungeropfer steigender Agrarprodukt-Preise"

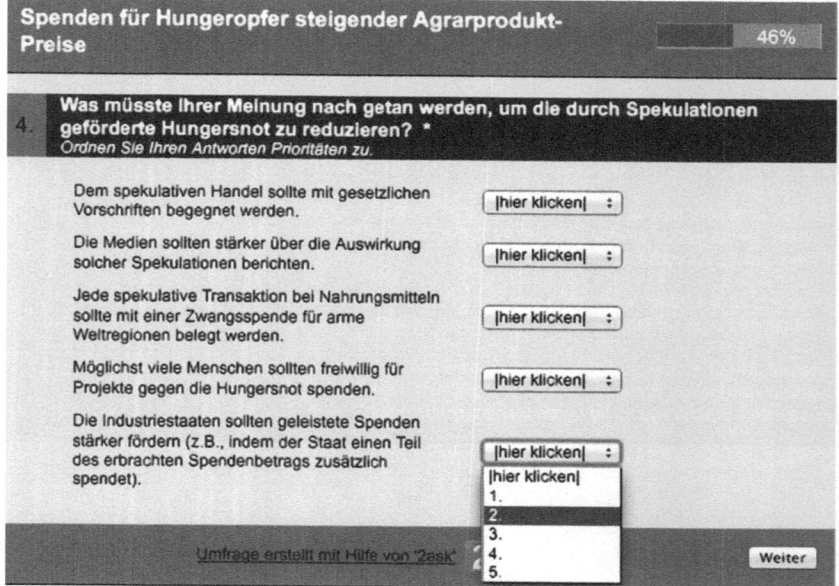

Quelle: Eigene Umfrage über 2ask

Für eine differenziertere Betrachtung wurden den Teilnehmern Lösungsansätze, wie die durch Spekulation geförderte Hungersnot zu reduzieren sei, präsentiert (vgl. Abbildung 2.14).

Als Ergebnis ist festzuhalten, dass

- als erste Priorität gesetzliche Vorschriften gegen die Rohstoff-Spekulation erlassen werden sollten
- als Zweitpriorität die mediale Berichterstattung ausgeweitet werden sollte
- auf jeden spekulativen Anteilsverkauf eine Zwangsspende erfolgen soll
- möglichst viele Menschen freiwillig für Hungernde spenden
- erst als letzte Priorität Spenden höher staatlich gefördert werden könnten (vgl. Abbildung 2.15).

Die nächste Frage fokussierte sich auf den Spendenprozess selbst. Die bereits in Abschnitt 2.3.2 angesprochene „Internet-Spende" wurde thematisiert; zudem wurden die Teilnehmer gefragt, ob sie dazu bereit seien, über das Internet ihre Spende zu leisten.

Überraschenderweise stimmten etwa 69 % bzw. 184 Teilnehmer gegen diese Spendenform, obwohl alle Befragten alleine aufgrund ihrer Teilnahme an dieser Online-Befragung eine gewisse Basis-Affinität zum Internet haben mussten (vgl. Anlage 11).

Im nächsten Schritt wurden die verbliebenen 31 %, also mithin 82 Teilnehmer, über Vorlieben beim Ablauf einer Internet-Spende gefragt (vgl. Anlage 7). Mehrfachantworten waren bei dieser Frage gewünscht, um Rivalitäten zwischen den einzelnen Eigenschaften auszuschließen. Für die Befragten stand die Datenübermittlung und der Datenschutz im Vordergrund (vgl. Abbildung 2.17).

Die folgende Frage, die sich wieder an alle Teilnehmer richtete, thematisierte das Prominenten-Fundraising. Mit dem Starpianisten Lang Lang als Beispiel, wurden die potenziellen Förderer gefragt, wie hoch ihrer Meinung nach der Einfluss solcher Prominenter auf das Einwerben von Spenden sein könne (vgl. Anlage 8). Als durchschnittlicher Grad der Einflussnahme wurden 65,86 % rechnerisch ermittelt. Im Ergebnis entschieden sich nur etwa 31 % bzw. 82 Befragte für einen bis zu 50 prozentigen Einfluss (vgl. Abbildung 2.18).

So homogen ein positiver Einfluss Prominenter auf das Fundraising gesehen wurde, so heterogen waren die Meinungen über die beispielhafte Benennung eines geeigneten Prominenten. Einzig der TV-Produzent und Moderator Günther Jauch wurde von knapp 13 % aller Teilnehmer spontan benannt[13]. Dies zeigt deut-

---

13 vgl. Ergebnisse zu Frage 8 aus dem Auswertungstool von 2ask.

Abbildung 2.15 Auswertung zu Frage 4

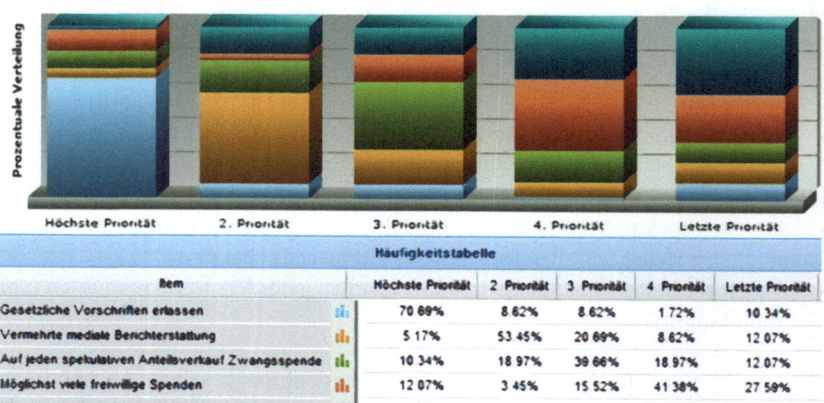

In Anlehnung an Auswertungstool von 2ask

Abbildung 2.16 Frage 5 der Online-Befragung „Spenden für Hungeropfer steigender Agrarprodukt-Preise"

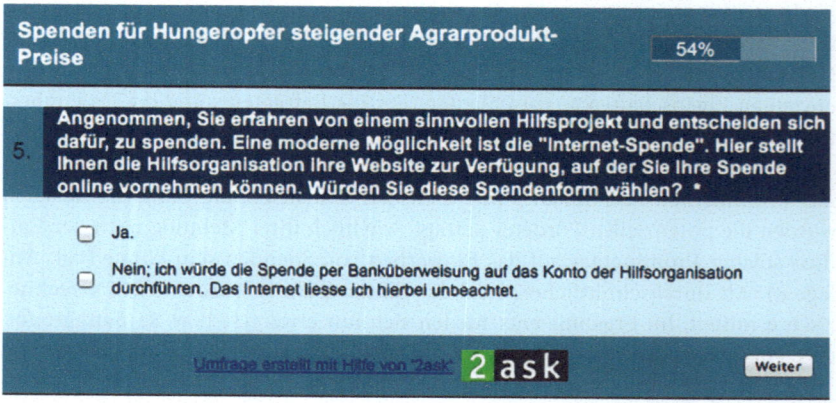

Quelle: Eigene Umfrage über 2ask

Anforderungen der Förderer an Non-Profit-Organisationen

Abbildung 2.17 Auswertung zu Anlage 7 bzw. Frage 6

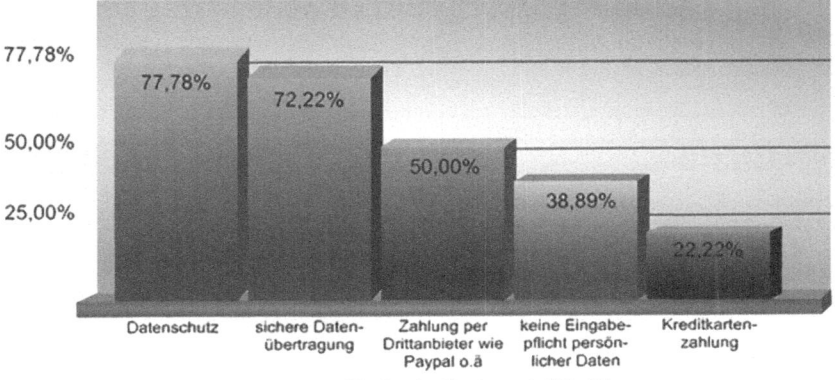

In Anlehnung an Auswertungstool von 2ask

Abbildung 2.18 Auswertung zu Anlage 8 bzw. Frage 7

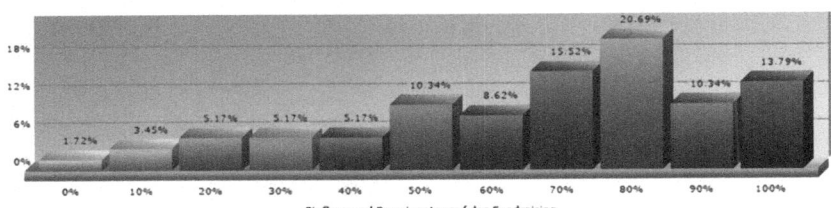

In Anlehnung an Auswertungstool von 2ask

Abbildung 2.19 Frage 9 und 10 der Online-Befragung „Spenden für Hungeropfer steigender Agrarprodukt-Preise"

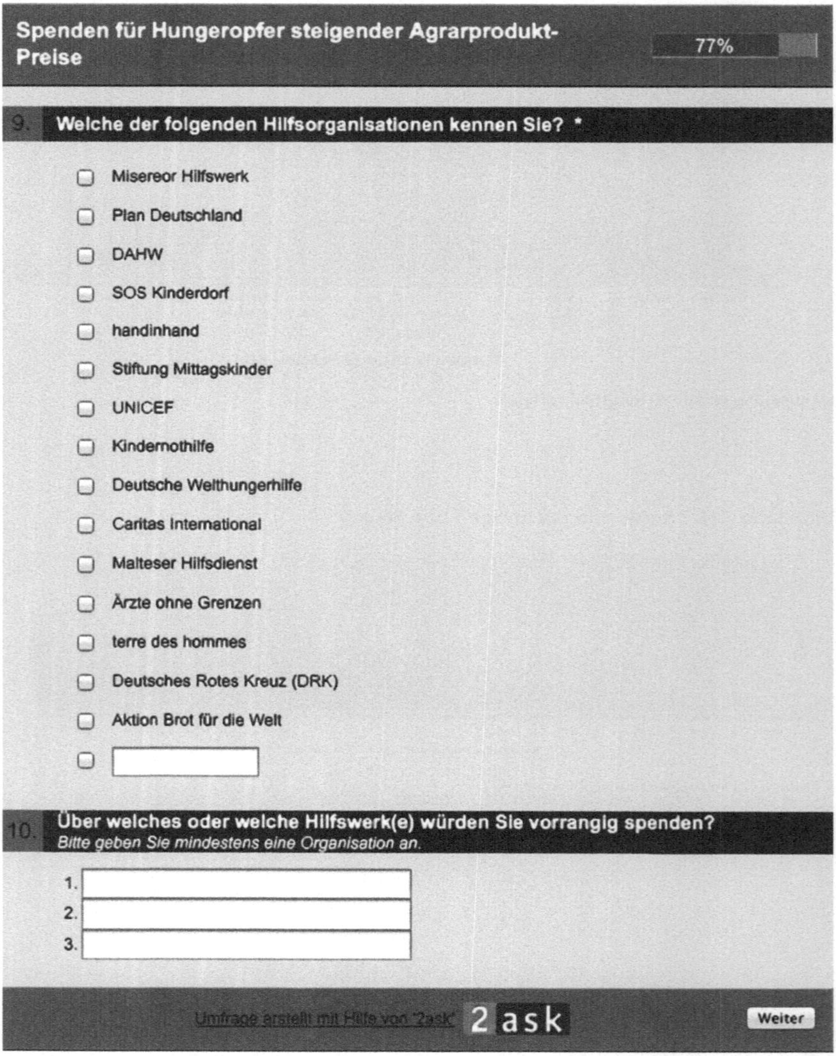

Spenden für Hungeropfer steigender Agrarprodukt-Preise 77%

9. **Welche der folgenden Hilfsorganisationen kennen Sie?** *

- ☐ Misereor Hilfswerk
- ☐ Plan Deutschland
- ☐ DAHW
- ☐ SOS Kinderdorf
- ☐ handinhand
- ☐ Stiftung Mittagskinder
- ☐ UNICEF
- ☐ Kindernothilfe
- ☐ Deutsche Welthungerhilfe
- ☐ Caritas International
- ☐ Malteser Hilfsdienst
- ☐ Ärzte ohne Grenzen
- ☐ terre des hommes
- ☐ Deutsches Rotes Kreuz (DRK)
- ☐ Aktion Brot für die Welt
- ☐ _____

10. **Über welches oder welche Hilfswerk(e) würden Sie vorrangig spenden?**
    Bitte geben Sie mindestens eine Organisation an.
    1. _____
    2. _____
    3. _____

Umfrage erstellt mit Hilfe von "2ask" **2 ask**   [Weiter]

Quelle: Eigene Umfrage über 2ask

lich, dass eine seriöse Persönlichkeit mit konservativer Einstellung ohne Negativschlagzeilen gegebenenfalls ein geeignetes Vorbild sein könnte.

Um weiterhin herauszufinden, inwiefern die drei in Kapitel 2 beschriebenen Hilfsorganisationen „UNICEF", „Deutsche Welthungerhilfe" sowie „Misereor" als Marke im Bewusstsein der Förderer bereits etabliert sind, wurden diverse NPO in einer neuen Frage benannt. Eine Mehrfachbeantwortung war selbstverständlich möglich (vgl. Abbildung 2.19).

Eine auffällige Markenbekanntheit wiesen Organisationen wie „UNICEF", „SOS Kinderdorf", „Ärzte ohne Grenzen", „Deutsches Rotes Kreuz" (DRK) oder auch „Aktion Brot für die Welt" auf[14] (vgl. Abbildung 2.20).

Fraglich bleibt hingegen, ob die Bekanntheit der Marke gleichzeitig bedeutet, dass die Förderer diese NPO auch als Hilfsorganisation ihres Vertrauens ansehen. „Die Marke allein bewirkt noch keine Fundraising-Erfolge" [152]. Deshalb wurde unmittelbar im Anschluss an die Frage nach der Bekanntheit einiger Organisationen gefragt, über welches Hilfswerk der Teilnehmer auch spenden würde. Um

Abbildung 2.20 Auswertung zu Frage 9

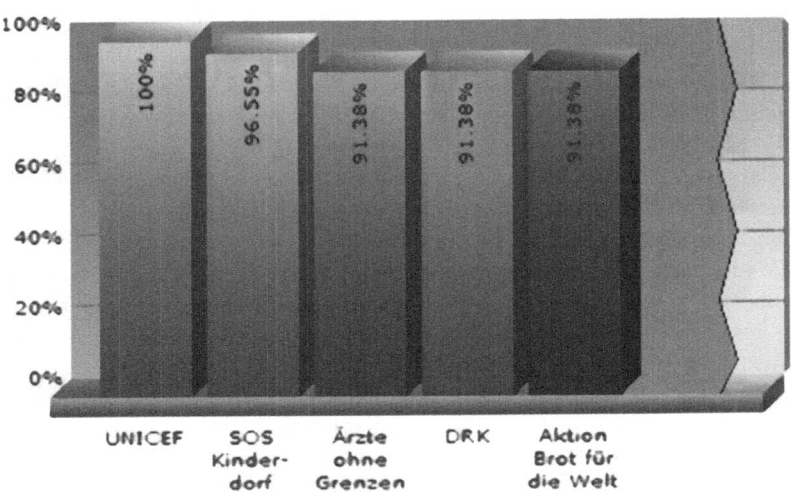

In Anlehnung an Auswertungstool von 2ask

---

14 Für die vollständige Abbildung vgl. Anlage 12.

das Ergebnis nicht zu verzerren, gab es keine Vorgaben; der Befragte musste seine Vorschläge frei niederschreiben[15].

Das Ergebnis wich tatsächlich von dem aus Abbildung 2.20 ab.

40,82 % würden demnach an „Ärzte ohne Grenzen" spenden; weitere 24,49 % an die „SOS Kinderdörfer", und nur 22,45 % an „UNICEF". Für die NPO „Misereor" und „Deutsche Welthungerhilfe" konnte eine sehr deutliche Abweichung festgestellt werden. Über die „Deutsche Welthungerhilfe" würden nur 8,16 % spenden, und über „Misereor" gerade einmal 4,08 %[16].

Die Entscheidung, über eine bestimmte Hilfsorganisation zu spenden, trifft ein Förderer auch danach, welchen Kostenanteil die jeweilige NPO ausweist. Diese Thematik griff daher die sich anschließende Frage auf. Dabei umfassen „Kosten" sowohl Verwaltungskosten als auch Kosten für Marketing und Werbung. Abbildung 2.21 zeigt die Maske des Umfragetools, in dem die Befragungsteilnehmer die für sie maximalen Kosten einstellen konnten (vgl. Abbildung 2.21).

Die Umfrageantworten waren zwar inhomogen; dennoch ließ sich eine Tendenz erkennen. Als Durchschnitt aller Teilnehmerstimmen (Mittelwert) ergab sich ein Kostenanteil von 7,6 %. Etwa 72 % bzw. 192 Befragte legten sich auf Kosten bis zu 9 % des Spendenbetrages fest; weitere knapp 11 % bzw. 29 Teilnehmer auf Kosten bis maximal 11 %, und nur die letzten 14 % (37 Umfrage-Teilnehmer) würden auch höhere Kosten bis zu 20 % in Kauf nehmen (vgl. Abbildung 2.22).

Zum Abschluss der Online-Umfrage wurde verhältnismäßig global nachgefragt, was eine Hilfsorganisation idealerweise unternehmen sollte, um die ansteigende Hungersnot in der Welt zu reduzieren (vgl. Anlage 9). Diese offene Frage hatte die Absicht, die Vielfalt an unbeeinflussten Meinungsäußerungen aus den Reihen der Förderer zu diesem Thema einzusammeln.

Dabei wurden zunächst vier Antwortmöglichkeiten angezeigt, um einen möglichen Brainstorming-Prozess bei den Teilnehmern in Gang zu setzen und ihnen unterschiedliche gedankliche Richtungen aufzuzeigen (vgl. Anlage 9). An dieser Stelle wird auf die Auswertung der Antworten auf diese gelenkten Fragen verzichtet, da das Ergebnis keine interessanten Erkenntnisse zulässt.

Umso bemerkenswerter sind die frei niedergeschriebenen Antworten über ein Freitext-Feld von etwa 31 % bzw. 82 Teilnehmern (vgl. Abbildung 2.23).

Eine darin oft wiederkehrende Meinung ist die „Hilfe zur Selbsthilfe". Die Hilfsorganisationen sollten gespendete Mittel weniger in Nahrung, sondern vor allem für Bildung innerhalb der betroffenen Regionen bereitstellen. Man müsse die regionale Wirtschaft solcher Regionen fördern und die dort ansässigen Landwirte beim Anbau von Nahrungsmitteln unterstützen. Zudem müssten die Hilfs-

---

15 vgl. Abbildung 2.19, Frage 10
16 Errechnete Ergebnisse aus dem Auswertungstool von 2ask.

Anforderungen der Förderer an Non-Profit-Organisationen 97

Abbildung 2.21   Auswertung zu Frage 11

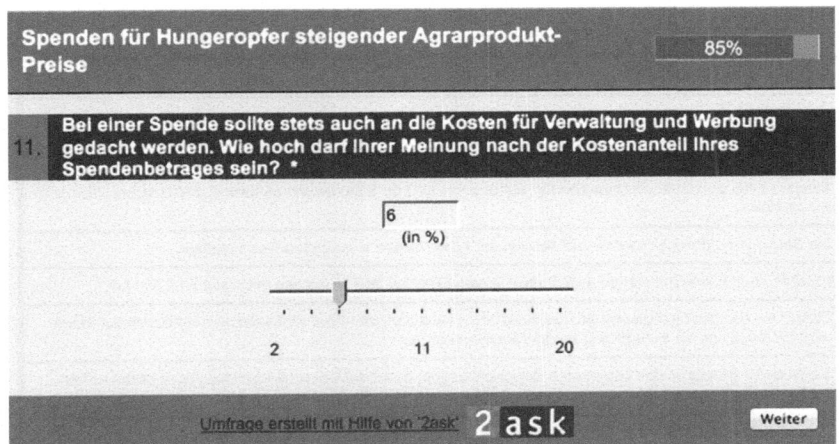

In Anlehnung an Auswertungstool von 2ask

Abbildung 2.22   Auswertung zu Frage 11

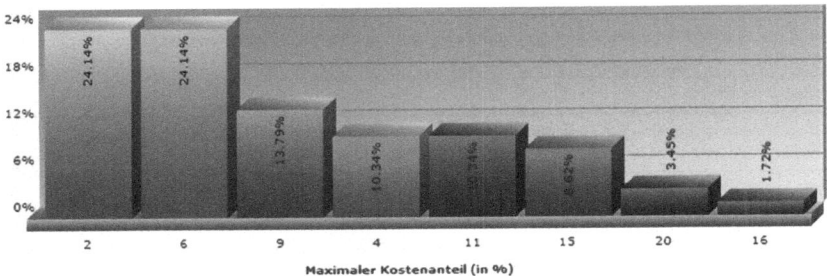

In Anlehnung an Auswertungstool von 2ask

Abbildung 2.23 Ausgewählte Antworten aus Freitext-Feld der Frage 12

Textfeld
Sie sollte im Spenderland mehr auf die Situation in den Medien aufmerksam machen.
Viele Staaten werden durch Spenden auch verpflichtet unsere subventionierten Nahrungsmittel zu nehmen, die dann billiger sind als einheimische - so kann sich keine gesunde Wirtschaft entwickeln
Sie sollte in den Industrieländern die Bildungsarbeit bzgl. des kriminellen Finanzsystems und neokolianer Kriege die die tatsächlichen Ursachen für Hungersnöte sind an Schulen und weiteren Einrichtungen vorantreiben.
Die Spekulaten öffentlich machen und sich am der Ation Banken in die Schranken beteiligen.
Politiker, auch E-minister Hände weg. Reisen kosten Geld das den Menschen entzogen wird. Fischer E.
Einführung des bedingunglosen Grundeinkommens, Geld darf kein Geld verdienen, Keine Patente auf Ideen oder Produkte, die die Entwicklung der Menschheit betreffen.
Sie sollte für Bildung in den betroffenen Regionen sorgen, damit die Menschen sich langfristig selbst helfen können.Hilfe zur Selbsthilfe!
Sie sollte das Prinzip der Hilfe zur Selbsthilfe berücksichtigen und in den Industrieländern Aufklärungsarbeit leisten – wie z. B. Kleiderspenden zum Ruin afrikanischer Unternehmen beitragen.
null Spenden von Nahrung, nur Bildung. Die örtliche Wirtschaft bricht zusammen. Es gibt keine Möglichkeiten der Handelsentwicklung.
Hilfe zur Selbsthilfe; Weltwirtschaftsordnung-Ausbeutung unterbinden, Chancengleichheit schaffen; Bildung; stärkere Präsenz v Info über Ursachen von Hunger etc in den Medien zu Sendezeiten mit hohen Einschaltquoten
Sie sollte die Menschen in den betroffenen Ländern Mut zur Selbsthilfe geben (teilsweise mit Förderung von Geldern).
Hilfe zur Selbsthilfe
Es sollte auch vor Allem darauf hingewirkt werden, daß Kapitalerträge wesentlich stärker versteuert werden. Der immer größere Reichtum einiger weniger ist nämlich die Ursache allen Übels.
Hilfe zur Selbsthilfe, Geld allein bringt nichts!
Die korrupten Regierungen in diesen Ländern beseitigen.

Quelle: Auswertungstool von 2ask

organisationen versuchen, die Korruption zu unterbinden und Chancengleichheit herzustellen.
Der nächste Abschnitt erörtert die erhobenen Ergebnisse kritisch.

2.4.2 Kritische Auseinandersetzung

> „Tatsachen muss man kennen, bevor man sie verdrehen kann."
> *(Mark Twain)*

Im März 2012 veröffentlichte die Deutsche Bank AG ihres Zeichens weltgrößter Emittent von Agrar-ETFs. einen sog. „Nachhaltigkeitsbericht". Darin ist zu lesen: „In diesem Jahr werden wir keine neuen börsengehandelten Anlageprodukte auf der Basis von Grundnahrungsmitteln auflegen" [161]. Diese Entscheidung entspricht der Forderung, für die 79 % der Befragungsteilnehmer gestimmt haben – keine Nahrungsmittelspekulation mehr zuzulassen (vgl. Abbildung 2.15). BREMSER [129] sieht in diesem Statement allerdings nur eine vorläufige „Beruhigungspille für die Kritiker": Zum einen werden zunächst nur keine neuen Produkte mehr emittiert; die bestehenden Produkte, mit denen auf Nahrungsmittel spekuliert werden kann, werden weiter genutzt. Zum anderen können weiterhin Fonds aufgelegt werden, die außerbörslich gehandelt werden. Die Deutsche Bank präsentiert also nur eine Teilwahrheit und rückt diese medienwirksam in den Mittelpunkt.

Dabei hatte für die Umfrageteilnehmer höchste Priorität, dass gesetzliche Vorschriften jegliche weiteren Spekulationen untersagen (vgl. Abbildung 2.16). Ein solch regulatorisches Eingreifen scheint die Deutsche Bank zu befürchten, und kündigt indirekt an, ihre politische Lobbyarbeit zu verstärken: „Um den tatsächlichen Einfluss spekulativer Aktivitäten auf die Nahrungsmittelversorgung zuverlässig bewerten zu können, sind weitere Analysen nötig. Daran wird sich die Deutsche Bank, auch mit ihrem eigenen Forschungsteam, beteiligen" [161]. Wird also eines Tages der Bundestag oder gar die Europäische Union eine Diskussion über Anlageprodukte auf der Basis von Grundnahrungsmitteln vorantreiben, werden solche Studien sehr wahrscheinlich als Entscheidungsgrundlage dienen – ein Verbot dieser Finanzprodukte ist somit eher unwahrscheinlich.

Hingegen reagierte zumindest die Weltbank durch ein Maßnahmenbündel, beispielsweise die Einführung von Instrumenten zur Risikoabsicherung bei Preisschwankungen, die Ausweitung der Agrar-Förderung und die Neuauflage des 2008 entwickelten „Global Food Crisis Response Program" (GFRP) [191].

Für die Durchführung einer Internet-Spende wünschte sich die Hälfte aller Frageteilnehmer die Zahlung über Drittanbieter wie paypal oder ähnliche Anbieter (vgl. Abbildung 2.17). Diese Option bietet weder UNICEF, noch die Welthungerhilfe, noch MISEREOR auf ihrer Website an [186][141][167]. Dabei spielt für knapp 39 % eine große Rolle, der Hilfsorganisation ihre persönlichen Daten nicht preisgeben zu müssen (vgl. Abbildung 2.17). Diese Herausforderung wäre unter Zuhilfenahme eines Drittanbieters für die Zahlung gelöst: „Ihre persönlichen Daten sind bei uns wie in einem Schließfach hinterlegt – und nur dort. Sie senden sie nicht bei jedem Kauf übers Internet. Hinterlegen Sie Ihre Daten einmal bei uns und Sie zahlen immer sicher und einfach" [171].

Hinsichtlich des Kostenanteils, den die jeweilige Hilfsorganisation ausweist, akzeptierten knapp drei Viertel aller Umfrageteilnehmer bis zu 9 %.

Unter den in Kapitel 2 beschriebenen NPO führt die Deutsche Welthungerhilfe mit dem im Verhältnis zu den Erträgen geringsten Kostenanteil in Höhe von 6,3 % [142]. Es folgt die Hilfsorganisation MISEREOR mit Kosten von 6,7 % sowie – weit abgeschlagen – UNICEF mit 13,2 % [187][168] (vgl. Abbildung 2.24).

Aus den Finanzdaten von UNICEF aus dem Jahr 2010 ist herauszulesen, dass der Kostenanteil für Marketing und Werbung einen beachtlichen Teil der Gesamtkosten einnimmt. Dennoch wird sich jeder potenzielle Förderer dafür interessieren, welcher Anteil seines Förderbetrages auch tatsächlich in das Projekt investiert wird. Die Gesamtkosten bei UNICEF übersteigen die 9 %-Marke – bis zu der immerhin noch knapp 75 % aller Umfrageteilnehmer spenden würden! – deutlich. Dies könnte erklären, weshalb UNICEF einerseits dank eines professionellen Brandings eine hohe Bekanntheit genießt[17], jedoch andererseits nicht unter den erstgenannten Organisationen zu finden ist, wenn es um den Erhalt von Spenden geht[18].

Abbildung 2.24 Ertrags- und Kostenübersicht von Welthungerhilfe, Misereor und UNICEF für 2010

2010	Welthungerhilfe	MISEREOR	UNICEF
Ertrag (absolut)	184,1 Mio. €	182,1 Mio. €	92,4 Mio. €
Kosten (absolut)	11,6 Mio. €	12,2 Mio. €	12,2 Mio. €
Kosten (relativ zum Ertrag)	6,3%	6,7%	13,2%

Eigene Darstellung in Anlehnung an Deutsche Welthungerhilfe e.V. 2012o; UNICEF Deutschland 2012l sowie Misereor e.V. 2012i

---

17 Vgl. Abbildung 2.15
18 vgl. Abbildung 2.16

Die frei niedergeschriebenen Anforderungen der Umfrageteilnehmer im Freitextfeld[19] werden durch UNICEF, die Deutsche Welthungerhilfe sowie MISEREOR bestmöglich erfüllt. Alle drei Organisationen haben Projekte entwickelt, die die Not nach Katastrophen lindern, begrenzt Nahrung bereit stellen (vorwiegend für hungernde Kinder) und die Bildungsarbeit fördern[20]. Forderungen einiger Befragungsteilnehmer wie „null Spenden für Nahrung, nur Bildung" (vgl. Abbildung 2.23) sind realistisch erst im fortgeschrittenen Stadium des Eingreifens einer NPO denkbar. Um den Menschen in den betroffenen Weltregionen erfolgreich Wissen vermitteln zu können, ist es notwendig, dass sich diese in einer dafür geeigneten körperlichen Konstitution befinden.

Auch Forderungen, die Ausbeutung durch die Weltwirtschaftsordnung zu unterbinden oder mediale Aufklärungsarbeit zu Hauptsendezeiten zu leisten, sind realistisch nicht umsetzbare Wünsche. Als Beispiel können hier Emittenten wie die Deutsche Bank angeführt werden, die es als wichtigste soziale Verantwortung betrachten, „international wettbewerbsfähig zu sein und entsprechende Gewinne zu erwirtschaften" [124]. Nur so sei es möglich, die Interessen ihrer Kunden, Aktionäre und Mitarbeiter langfristig zu wahren [124]. So lange sowohl bei den Shareholdern, Stakeholdern als auch bei dem Emittent selbst ein Umdenken nicht stattfindet, steht jede Non-Profit-Organisation dieser „Wirtschaftsmacht" machtlos gegenüber. Ähnlich ist die Ausstrahlung informativer Formate zu Hauptsendezeiten zu sehen. Da für Privatsender hohe Einschaltquoten für höhere Werbeeinnahmen sorgen, sind sie ausschließlich daran interessiert, Sendungen auszustrahlen, die gerne gesehen werden. Sich solche Sendezeiten hingegen zu kaufen, wäre für eine NPO hinsichtlich der Kosten nicht realisierbar – und auch nicht im Sinne der Förderer, da der Kostenanteil an ihrer geleisteten Spende dramatisch ansteigen würde.

Hingegen Forderungen von Umfrageteilnehmern, man müsse Aufklärungsarbeit in den Industrieländern leisten, wie Kleiderspenden zum Ruin der regionalen Wirtschaft des jeweiligen Entwicklungslandes beitragen, sind im Großen und Ganzen überflüssig. Große Organisationen wie UNICEF beziehen in ihren FAQ[21] dazu Position. „Leider können wir keine Sachspenden entgegennehmen. UNICEF beschafft so viele Hilfsgüter wie möglich in den Ländern selbst. So kann UNICEF die Kosten für Transport und Logistik gering halten und fördert außerdem die einheimischen Strukturen" [188]. Auch „die Welthungerhilfe hat es sich zur Leitlinie gemacht, Hilfsgüter im jeweiligen Land oder in der Region zu kaufen. Dies ist nicht nur kostengünstiger, sondern bindet auch die einheimische Wirt-

---

19 vgl. Abbildung 2.16
20 vgl. Abschnitt 1.2.2
21 = häufig gestellte Fragen

schaft mit ein" [143]. Nicht zuletzt der MISEREOR e. V. [169] argumentiert gegen die Entgegennahme von Sachspenden: „Gegen die Verschickung von Sachgütern sprechen meist die außerordentlich hohen Versandkosten. Allein mit diesem Geld könnte man wesentlich wirksamer helfen als mit versandten Altwaren, die zudem oft nicht dem Bedarf vor Ort entsprechen".

Im folgenden dritten Kapitel werden alle wichtigen Facetten dieses Buches zusammengefasst.

Anlagen zu Kapitel 2

Anlage 1 Spendenzwecke 2009–2011

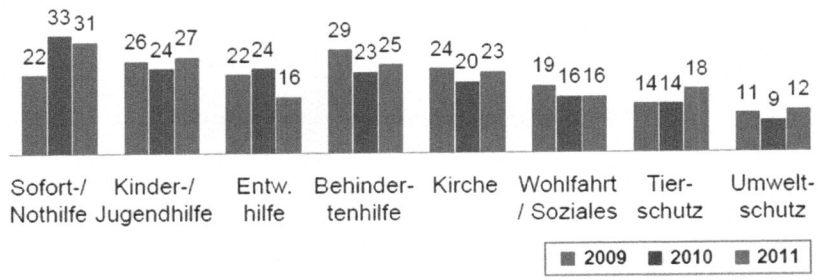

Basis 2011: 1.371 (Spender) Angaben in Prozent

Social Marketing
Deutscher Spendenmonitor: Classics 2011
Dezember 2011

Quelle: [127]

Anlage 2 MISEREOR auf Facebook

Quelle: [165]

Anlagen zu Kapitel 2   105

Anlage 3   UNICEF bei XING

Quelle: [184]

Anlage 4 Startseite der Online-Befragung „Spenden für Hungeropfer steigender Agrarprodukt-Preise"

Quelle: Eigene Umfrage über 2ask

Anlagen zu Kapitel 2

Anlage 5 Frage 2 der Online-Befragung „Spenden für Hungeropfer steigender Agrarprodukt-Preise"

Spenden für Hungeropfer steigender Agrarprodukt-Preise 23%

2. **Ist Ihnen ein Zusammenhang zwischen steigenden Agrarprodukt-Preisen und Börsenspekulationen bekannt? ***

○ Nein, ein solcher war und ist mir nicht bekannt.

○ Unbewusst; ich habe schon einmal darüber gelesen.

○ Ja, ein Zusammenhang ist mir bewusst.

Umfrage erstellt mit Hilfe von "2ask"   2 ask

Quelle: Eigene Umfrage über 2ask

Anlage 6 Frage 3 der Online-Befragung „Spenden für Hungeropfer steigender Agrarprodukt-Preise"

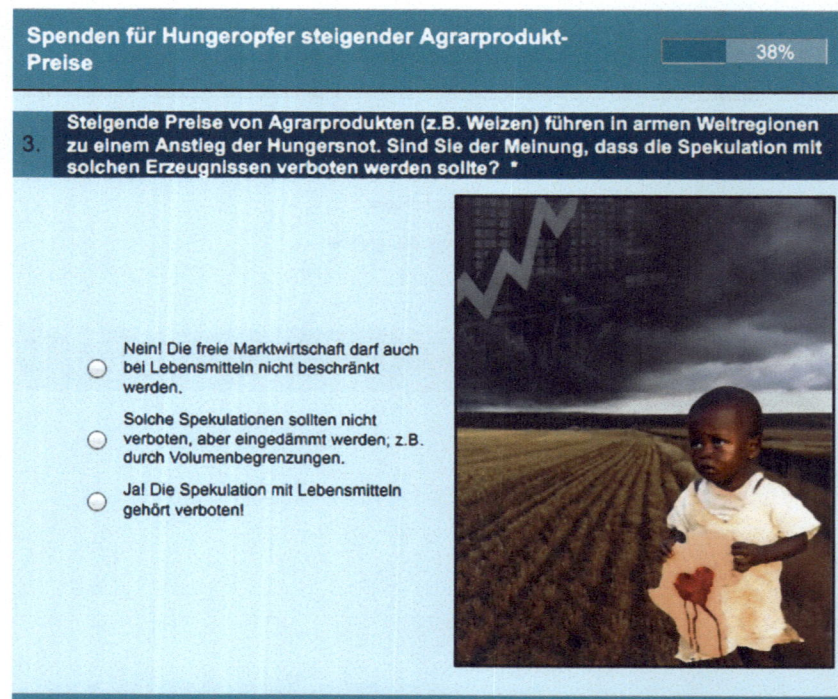

Quelle: Eigene Umfrage über 2ask

Anlagen zu Kapitel 2

Anlage 7 Frage 6 der Online-Befragung „Spenden für Hungeropfer steigender Agrarprodukt-Preise"

Quelle: Eigene Umfrage über 2ask

Anlage 8 Frage 7 und 8 der Online-Befragung „Spenden für Hungeropfer steigender Agrarprodukt-Preise"

Spenden für Hungeropfer steigender Agrarprodukt-Preise — 69%

7. Auf dem Bild unten rechts sehen Sie den Starpianisten Lang Lang, der sich initiativ und öffentlichkeitswirksam für Kinder in Entwicklungsländern einsetzt. Wie groß ist Ihrer Meinung nach der Einfluss Prominenter auf die erfolgreiche Einwerbung neuer Spenden? *
0 = kein Einfluss; 100 = sehr großer Einfluss.

0 — 50 — 100

8. Fällt Ihnen spontan ein Prominenter ein, der Ihrer Meinung nach für die Akquisition neuer Spenden besonders erfolgversprechend wäre?

Umfrage erstellt mit Hilfe von '2ask' **2 ask**   Weiter

Quelle: Eigene Umfrage über 2ask

Anlagen zu Kapitel 2

Anlage 9 Frage 12 der Online-Befragung „Spenden für Hungeropfer steigender Agrarprodukt-Preise"

Spenden für Hungeropfer steigender Agrarprodukt-Preise

92%

12. Zum Abschluss der Befragung kehren wir nochmals zur Nahrungsmittel-Spekulation zurück. Was sollte eine Hilfsorganisation Ihrer Meinung nach idealerweise alles unternehmen, um die ansteigende Hungersnot in der Welt zu reduzieren? *
Geben Sie auch gerne eigene Vorschläge an!

☐ Sie sollte finanzielle Mittel in betroffenen Regionen bereitstellen und für einen gezielten Einsatz der Mittel Sorge tragen.

☐ Sie sollte Einfluss auf die jeweiligen Staatsregierungen ausüben und auf Änderungen der gesetzlichen Rahmenbedingungen drängen.

☐ Sie sollte eine weltweite Netzwerkbildung vorantreiben, die den fairen Handel unterstützt.

☐ Sie sollte in den Industrieländern die Bildungsarbeit bzgl. Ursachen für Hungersnöte an Schulen und weiteren Einrichtungen vorantreiben.

☐

Umfrage erstellt mit Hilfe von '2ask'   2 ask   Absenden

Quelle: Eigene Umfrage über 2ask

Anlage 10 Auswertung zu Frage 1

Quelle: Auswertungstool (neu) von 2ask

Anlage 11 Auswertung zu Frage 5

Quelle: Auswertungstool (neu) von 2ask

Anlagen zu Kapitel 2   113

Anlage 12   Auswertung zu Anlage 16 bzw. Frage 9

In Anlehnung an Auswertungstool von 2ask

Literaturverzeichnis zu Kapitel 2

[124] Ackermann, J. (2012): Soziales Kapital schaffen. Gesellschaftliche Verantwortung Bericht 2011. Editorial – Verantwortung und Vertrauen (S. 2). Resource document. Deutsche Bank AG. http://www.deutsche-bank.de/csr/de/docs/CSR_Bericht_2011.pdf. Zugegriffen: 30. 09. 2012.

[125] Alexander, G. D./Carlson, K. (2005): Essential Priciples for Fundraising Success. An Answer Manual for the Everyday Challenges of Raising Money (S. 6–9). San Francisco: Jossey-Bass.

[126] Altruja GmbH/Seidl, T. (2011): Online-Fundraising Studie 2011 (S. 9, 13–14). Resource document. Altruja GmbH. http://www.online-fundraising.org/files/Altruja-Studie_Online%20Fundraising%202011.pdf. Zugegriffen: 30. 09. 2012.

[127] Borcherding, J./Stute, M. (2011): 17 Jahre deutscher Spendenmonitor. Fakten und Trends im Zeitverlauf (Grafik 9). Resource document. TNS infratest. http://www.tns-infratest.com/branchen_und_maerkte/pdf/social_marketing/17_jahre_deutscher_spendenmonitor_2011.pdf. Zugegriffen: 30. 09. 2012.

[128] Breidenbach, J. (2010): Revolution im Spendenmarkt: Prinzipien des Online-Fundraisings. In: Bär, M. et al. (Hrsg.; 2010): Fundraising im Non-Profit-Sektor. Marktbearbeitung von Ansprache bis Zuwendung (S. 164, 168), Wiesbaden: Gabler.

[129] Bremser, F. (2012): Nachhaltigkeitsbericht: Die unsägliche Augenwischerei der Deutschen Bank. Resource document. Financial Times Deutschland. http://www.ftd.de/meinung/kommentare/:nachhaltigkeitsbericht-die-unsaegliche-augenwischerei-der-deutschen-bank/70011419.html. Zugegriffen: 30. 09. 2012.

[130] Bundesverband Deutscher Stiftungen (2012a): „Stiftungszahlen 2011". Resource document. Bundesverband Deutscher Stiftungen e. V. http://www.stiftungen.org/fileadmin/bvds/de/Presse/Pressemitteilungen/JahresPK_2012/Stiftungszahlen_2011_02.pdf. Zugegriffen: 30. 09. 2012.

[131] Bundesverband Deutscher Stiftungen (2012b): Jahresstatistik 2012: Präsentation „Stiftungen in Zahlen 2011" (Folie 11). Resource document. Bundesverband Deutscher Stiftungen e. V. http://www.stiftungen.org/fileadmin/bvds/de/Presse/Pressemitteilungen/JahresPK_2012/StiftungenInZahlen20120202.pdf. Zugegriffen: 30. 09. 2012.

[132] Deutsche Welthungerhilfe e. V. (2012e): Verschenken Sie eine Spende. Suchen Sie nach einem besonderen Geschenk? Resource document. Deutsche Welthungerhilfe e. V. https://www.welthungerhilfe.de/geschenkurkunde.html. Zugegriffen: 30. 09. 2012.

[133] Deutsche Welthungerhilfe e. V. (2012 f): Willkommen bei der Stiftung Welthungerhilfe. Resource document. Deutsche Welthungerhilfe e. V. http://www.welthungerhilfe.de/stiftung-welthungerhilfe.html. Zugegriffen: 30. 09. 2012.

[134] Deutsche Welthungerhilfe e. V. (2012g): Die Zustiftung – Grundstein für dauerhafte Hilfe. Resource document. Deutsche Welthungerhilfe e. V. http://www.welthungerhilfe.de/zustiftung.html. Zugegriffen: 30. 09. 2012.

[135] Deutsche Welthungerhilfe e. V. (2012h): Stiftungsfonds – Investitionen, mit denen Sie auf Dauer helfen. Resource document. Deutsche Welthungerhilfe e. V. http://www.welthungerhilfe.de/stiftungsfonds.html. Zugegriffen: 30.09.2012.

[136] Deutsche Welthungerhilfe e. V. (2012i): Die Treuhandstiftung – Schaffen Sie bleibende Werte. Resource document. Deutsche Welthungerhilfe e. V. http://www.welthungerhilfe.de/treuhandstiftung.html. Zugegriffen: 30.09.2012.

[137] Deutsche Welthungerhilfe e. V. (2012j): Das Stifterdarlehen – Helfen mit Ihren Zinsen. Resource document. Deutsche Welthungerhilfe e. V. http://www.welthungerhilfe.de/stifterdarlehen.html. Zugegriffen: 30.09.2012.

[138] Deutsche Welthungerhilfe e. V. (2012k): Die Deutsche Welthungerhilfe auf YouTube. Resource document. Deutsche Welthungerhilfe e. V. http://www.youtube.com/user/Welthungerhilfe?ob=0&feature=results_main. Zugegriffen: 30.09.2012.

[139] Deutsche Welthungerhilfe e. V. (2012l): Vita von Bärbel Dieckmann, Präsidentin. Resource document. Deutsche Welthungerhilfe e. V. http://www.welthungerhilfe.de/vita.html?vitaid=24022. Zugegriffen: 30.09.2012.

[140] Deutsche Welthungerhilfe e. V. (2012m): Vita von Prof. Dr. Klaus Töpfer, Vizepräsident. Resource document. Deutsche Welthungerhilfe e. V. http://www.welthungerhilfe.de/vita.html?vitaid=24021. Zugegriffen: 30.09.2012.

[141] Deutsche Welthungerhilfe e. V. (2012n): Spenden-Formular. Resource document. Deutsche Welthungerhilfe e. V. https://www.welthungerhilfe.de/spenden_formular.html. Zugegriffen: 30.09.2012.

[142] Deutsche Welthungerhilfe e. V. (2012o): Kurz und knapp 2010. Resource document. Deutsche Welthungerhilfe e. V. http://www.welthungerhilfe.de/fileadmin/media/pdf/jahresbericht/Kurz-und-Knapp2010.pdf. Zugegriffen: 30.09.2012.

[143] Deutsche Welthungerhilfe e. V. (2012p): Häufig gestellte Fragen: Flut in Pakistan: Nehmen Sie auch Sachspenden an? Online im Internet: URL: http://www.welthungerhilfe.de/fragen-pakistan.html [Stand: 30.09.2012]".

[144] Deutscher Bundestag (2008): Unterrichtung durch den Präsidenten des Deutschen Bundestages (S. 66). Resource document. Deutscher Bundestag. http://dip21.bundestag.de/dip21/btd/16/081/1608180.pdf. Zugegriffen: 30.09.2012.

[145] Deutscher Fundraising Verband (2012): Statistiken. Bei welchen Zahlungswegen fallen die höchsten Einzelspenden an? Resource document. DFV. http://fundraising-verband.de/statistiken/spendenaufkommen_insgesamt.html#Anchor-bei-51540. Zugegriffen: 30.09.2012.

[146] Drumm, H.J. (2005): Personalwirtschaft. 5. Aufl. (S. 513). Berlin/Heidelberg: Springer.

[147] Edles, P. (2006): Fundraising. Hands-on Tactics for Nonprofit Groups (S. 7), 2nd Edition. New York u. a.: McGraw-Hill.

[148] Fischer, K. (2008): Strategien des Fundraisings. In: Fundraising Akademie (Hrsg.; 2008): Fundraising. Handbuch für Grundlagen, Strategien und Methoden. 4. Aufl. (S. 211–217), Wiesbaden: Gabler.

[149] Fischer, K./Ehrenfried, C. G. (2009): Die 10 Mythen im Fundraising. Warum regionale Fundraiser nicht alles glauben sollten. 1. Aufl. (S. 82), Jesteburg: Spendwerk.

[150] Fischer, K./Neumann, A. (2003): Multi-Channel-Fundraising – clever kommunizieren, mehr Spender gewinnen (S. 23–35, 37). Wiesbaden: Gabler.
[151] Grünhaupt, S. W. (2008): Stiftungsrecht. In: Fundraising Akademie (Hrsg.): Fundraising. Handbuch für Grundlagen, Strategien und Methoden. 4. Aufl. (S. 673), Wiesbaden: Gabler.
[152] Haibach, M. (2006): Handbuch Fundraising. 3., aktualis. Aufl. (S. 44, 64, 79, 81–82, 167). Frankfurt/New York: Campus.
[153] Heil, K. (2008): Anlassspende. In: Fundraising Akademie (Hrsg.): Fundraising. Handbuch für Grundlagen, Strategien und Methoden. 4. Aufl. (S. 115–116, 155, 323). Wiesbaden: Gabler.
[154] Hofbauer, G./Sangl, A. (2011): Professionelles Produktmanagement: Der prozessorientierte Ansatz, Rahmenbedingungen und Strategien (S. 528). Erlangen: Publicis Publishing.
[155] Jung, R. H. et al. (2008): Allgemeine Managementlehre: Lehrbuch für die angewandte Unternehmens- und Personalführung. 3., neu bearb. u. erw. Aufl. (S. 200). Berlin: Schmidt.
[156] Kapp-Barutzki, U./Malak, N. (2008): Prominente im Fundraising. In: Fundraising Akademie (Hrsg.; 2008): Fundraising. Handbuch für Grundlagen, Strategien und Methoden. 4. Aufl. (S. 343–344, 346), Wiesbaden: Gabler.
[157] Kiefer, K. (2010): NPOs im Social Web: Status quo und Entwicklungspotenziale. In: Bär, M. et al. (Hrsg.; 2010): Fundraising im Non-Profit-Sektor. Marktbearbeitung von Ansprache bis Zuwendung (S. 284), Wiesbaden: Gabler.
[158] Klimecki, R. G./Gmür, M. (2005): Personalmanagement. 3. Aufl. (S. 285). Stuttgart: Lucius & Lucius.
[159] Kröselberg, M. (2008): Aufwandsspende. In: Fundraising Akademie (Hrsg.): Fundraising. Handbuch für Grundlagen, Strategien und Methoden. 4. Aufl. (S. 326). Wiesbaden: Gabler.
[160] Matys, E. (2005): Praxishandbuch Produktmanagement. Grundlagen und Instrumente. 3. aktual. u erw. Aufl. (S. 118), Frankfurt/Main: Campus.
[161] Miltner, S. (2012): Soziales Kapital schaffen. Gesellschaftliche Verantwortung Bericht 2011. Was treibt Agrarpreise (S. 28)? Resource document. Deutschen Bank AG. http://www.deutsche-bank.de/csr/de/docs/CSR_Bericht_2011.pdf. Zugegriffen: 30.09.2012.
[162] MISEREOR e. V. (2012c): Spendengala mit Carmen Nebel im ZDF am 2. Dezember. Resource document. MISEREOR e. V. http://www.misereor.de/presse/pressemeldungen/pressemeldungen-detais/article/spendengala-mit-carmen-nebel-im-zdf-am-2dezember.html. Zugegriffen: 30.09.2012.
[163] MISEREOR e. V. (2012d): Besondere Anlässe. Resource document. MISEREOR e. V. http://www.misereor.de/spenden/besondere-spenden/besondere-anlaesse.html. Zugegriffen: 30.09.2012.
[164] MISEREOR e. V. (2012e): helder-camara-stiftung. Resource document. MISEREOR e. V. http://www.helder-camara-stiftung.de. Zugegriffen: 30.09.2012.
[165] MISEREOR e. V. (2012 f): MISEREOR in Facebook. Resource document. MISEREOR e. V. http://de-de.facebook.com/pages/MISEREOR/225308927500119. Zugegriffen: 30.09.2012.

[166] MISEREOR e. V. (2012g): Prominente an der Seite der Armen. Misereor startet zum 50. Jubiläum eine Plakatkampagne. Resource document. MISEREOR e. V. http://www.katholisch.de/19238.html. Zugegriffen: 30. 09. 2012.

[167] MISEREOR e. V. (2012h): Einmalig spenden. Resource document. MISEREOR e. V. https://www.misereor.de/spenden/einmal-spenden.html. Zugegriffen: 30. 09. 2012.

[168] MISEREOR e. V. (2012i): Jahresbericht 2010. Die wichtigsten Zahlen im Überblick. Jahresrechnung 2010. Einnahmen, Ausgaben, Verwaltungskosten. Resource document. MISEREOR e. V. http://www.misereor.de/ueber-uns/rechenschaft/zahlen.html. Zugegriffen: 30. 09. 2012.

[169] MISEREOR e. V. (2012j): Häufige Fragen: Nimmt MISEREOR Sachspenden an? Resource document. MISEREOR e. V. http://www.misereor.de/spenden/fragen.html#c3672. Zugegriffen: 30. 09. 2012.

[170] Norton, M. (2007): Need to know? Fundraising (S. 9, 11, 21). London: Harper Collins.

[171] PayPal (2012): PayPal präsentiert: Die 10 goldenen Regeln für Ihre Sicherheit. Resource document. PayPal. https://www.paypal-deutschland.de/sicherheit/10-goldene-sicherheitsregeln.html. Zugegriffen: 30. 09. 2012.

[172] Pons (2011a): Suchwort „Motivation". Resource document. Pons Verlag. http://de.pons.eu/deutsch-latein/Motivation. Zugegriffen: 30. 09. 2012.

[173] Pons (2011b): Suchwort „Motiv". Resource document. Pons Verlag. http://de.pons.eu/dict/search/results/?q=Motiv&l=dela&in=&lf=de. Zugegriffen: 30. 09. 2012.

[174] Sargeant, A./Jay, E. (2010): Fundraising Management. Analysis, planning and practice (S. 68–69, 83 u. 87; übersetzt ins Deutsche von Weißschnur, S.); 2nd Edition. London/New York: Rontledge.

[175] Sievert, K. (2010): Erfolgreiches Fundraising steht auf drei Säulen. In: Fundraising Akademie (Hrsg.; 2008): Fundraising. Handbuch für Grundlagen, Strategien und Methoden. 4. Aufl. (S. 119, 259, 261–262), Wiesbaden: Gabler.

[176] Strömich, W. (2012): Anlassspenden. Spenden zu Anlässen. Resource document. http://anlassspende.de/npos/anlassspenden/index.html. Zugegriffen: 30. 09. 2012.

[177] UNICEF Deutschland (2012a): Zeit zu teilen. Hilfe für Kinder in Ostafrika. Resource document. UNICEF Deutschland e. V. http://www.unicef.de/aktionen/zeit-zu-teilen Zugegriffen: 30. 09. 2012.

[178] UNICEF Deutschland (2012b): Hunger in Ostafrika – „Zeit zu teilen". Resource document. UNICEF Deutschland e. V. http://www.unicef.de/presse/2011/hunger-in-ostafrika-zeit-zu-teilen/. Zugegriffen: 30. 09. 2012.

[179] UNICEF Deutschland (2012d): Ehrenamt für UNICEF. Gemeinsam für Kinder dieser Leitsatz verbindet Menschen überall auf der Welt. Seien auch Sie dabei! Resource document. UNICEF Deutschland e. V. http://www.unicef.de/download.php?f=content_media/mediathek/F_0005_Ehrenamtlich_aktiv.pdf. Zugegriffen: 30. 09. 2012.

[180] UNICEF Deutschland (2012e): Spenden zu persönlichen Anlässen. Resource document. UNICEF Deutschland e. V. http://www.unicef.de/spenden-helfen/spende-persoenlicher-anlass. Zugegriffen: 30. 09. 2012.

[181] UNICEF Deutschland (2012 f): Was ist eine Stiftung? Was bedeutet „Stiften"? Resource document. UNICEF Deutschland e. V. http://www.unicef.de/stiftung/was-ist-stiftung/. Zugegriffen: 30.09.2012.

[182] UNICEF Deutschland (2012g): Was ist eine Stiftung? – Ihr Partner, die UNICEF-Stiftung. Resource document. UNICEF e. V. http://www.unicef.de/stiftung/was-ist-stiftung. Zugegriffen: 30.09.2012.

[183] UNICEF Deutschland (2012h): Formen des Stiftens. Die Zustiftung, die treuhänderische Stiftung und das Stiften durch Testament. Resource document. UNICEF Deutschland e. V. http://www.unicef.de/stiftung/formen-des-stiftens. Zugegriffen: 30.09.2012.

[184] UNICEF Deutschland (2012i): UNICEF in XING. Resource document. UNICEF e. V. http://www.xing.com/companies/unicefdeutschland/updates. Zugegriffen: 30.09.2012.

[185] UNICEF Deutschland (2012j): Shakira trifft Schüler in Jerusalem. Resource document. UNICEF Deutschland e. V. http://www.unicef.de/aktionen/shakira-in-jerusalem/. Zugegriffen: 30.09.2012.

[186] UNICEF Deutschland (2012k): Einmal spenden. Resource document. UNICEF Deutschland e. V. https://www.unicef.de/spenden-helfen/einzelspende/bankeinzug/. Zugegriffen: 30.09.2012.

[187] UNICEF Deutschland (2012l): Jahresabschluss 2010 (S. 46). Resource document. UNICEF Deutschland e. V. http://www.unicef.de/fileadmin/content_media/transparenz/geschaeftsbericht-2010/Finanzen.pdf. Zugegriffen: 30.09.2012.

[188] UNICEF Deutschland (2012m): Häufig gestellte Fragen zur UNICEF-Nothilfe. Nimmt UNICEF Sachspenden entgegen? Resource document. UNICEF Deutschland e. V. http://www.unicef.de/presse/pm/2006/indonesien-hilfe-fuer-kinder-und-familien/faq. Zugegriffen: 30.09.2012.

[189] UNO (2004). In: Deutsche Welthungerhilfe e. V. 2012d: Die Mitgliederversammlung. Resource document. Deutsche Welthungerhilfe e. V. http://www.welthungerhilfe.de/?id=3750. Zugegriffen: 30.09.2012.

[190] Viest, O. (2006): Online-Fundraising. In: Fundraising Akademie (Hrsg.; 2008): Fundraising. Handbuch für Grundlagen, Strategien und Methoden. 4. Aufl. (S. 474), Wiesbaden: Gabler.

[191] Weltbank (2011): Jahresbericht der deutschen Exekutivdirektorin bei der Weltbank; Geschäftsjahr 2011. Resource document (S. 1). World Bank Group. http://siteresources.worldbank.org/INTEDS05/Resources/2012000614Dede_Assembled_Sept1_LowRes.pdf. Zugegriffen: 30.09.2012.

Zusammenfassung und Ausblick 3

„Probleme kann man niemals mit derselben Denkweise lösen, durch die sie entstanden sind."
(Albert Einstein)

Dieses Buch hat sich mit zwei großen Themenkreisen auseinandergesetzt, die unmittelbar miteinander verzahnt sind: Der globalen Hungerkrise und dem Fundraising großer Non-Profit-Organisationen.

Der erste Themenkreis hat vor allem Anlageinstrumente, die auf Lebensmittel spekulieren, in den Fokus gerückt[22], weil diese zur Zeit des Verfassens dieser Ausarbeitung sowohl in Fachkreisen als auch in thematisch breit angelegten Publikationen aus den unterschiedlichsten Perspektiven diskutiert worden sind. Es konnte unter Heranziehung relevanter wissenschaftlicher Studien herausgearbeitet werden, dass das Spekulieren auf die Preisveränderung von Rohstoffen in der Tat zu Preisniveau-Erhöhungen und einer erhöhten Preisvolatilität führt. Eine Vielzahl der Thesen, die diesen Wirkungszusammenhang relativieren oder gar die Abwesenheit einer Korrelation zu argumentieren versuchen, entpuppten sich als einseitig beschriebenes Marktgeschehen[23]. Entsprechend der wirtschaftswissenschaftlich-experimentellen Betrachtung bewerten diese Ökonomen die Kausalzusammenhänge cet. par.[24] und verletzen zugleich diese Prämisse. Die Erweiterung des Sachverhalts tritt nämlich dort auf, wo sich der Spekulant dem natürlichen Marktgeschehen entzieht. Dies kann ein Produzent oder Händler sein, der, auf zukünftig höhere Preise hoffend, Rohstoffe einlagert[25]. Genauso können dies In-

---

22 Vgl. Abschnitt 1.3
23 Vgl. Abschnitt 1.3, insbesondere die Darstellung von WITZKE/KRUGMANN/GERTH U. DOLL
24 = „ceteris paribus" bzw. unter sonst gleichen Bedingungen
25 Vgl. Abschnitt 1.3, insbesondere Aussagen von OBERBANNSCHEIDT/UNCTAD

dexspekulanten, z. B. Hedgefonds, sein, die lediglich auf eine definierte Kursveränderung spekulieren[26]. Die cet. par. – Prämisse wird verletzt, sobald die natürliche Nachfrage durch eine künstlich geschaffene, von der natürlichen Nachfrage abweichenden, Nachfrage unterlaufen wird, die mit reinen Geldwerten Spekulationsgewinne erzielen will – und nicht reelle Handelsgeschäfte lediglich absichert. Das Nachfrage- und Angebotsverhalten entspricht dann keiner pareto-effizienten Ressourcenallokation mehr, zumal die Rohstoffbörsen weltweit ihre Preisbildungsfunktion selbst ad absurdum führen.

Der zweite Themenkreis erläuterte zunächst einige wichtige Aspekte zum Thema Fundraising und untersuchte im Anschluss die Relevanz und die Praktikabilität ausgesuchter Formen; auch im Hinblick auf die NPO UNICEF, Deutsche Welthungerhilfe und MISEREOR[27].

Aus den Umfrage-Ergebnissen ging eindeutig hervor, dass ein politisches Eingreifen in Spekulationsgeschäfte mit Grundnahrungsmitteln von deutschen Verbrauchern verlangt wird[28]. Auch die Non-Profit-Organisationen beziehen klar Position gegen derartige Anlageprodukte[29]; ähnlich kommuniziert dies der Großteil aller bundespolitischen Parteien[30].

Andererseits rüsten die größten Emittenten solcher Wertpapiere auf, indem sie die Mitschuld dieser Investorengruppe an einer Verteuerung und Erhöhung der Preisvolatilität mit allen Mitteln widerlegen wollen[31]. Auch Björn Sänger von der FDP lehnt eine staatliche Preisregulierung strikt ab und argumentiert, „wenn es um Lebensmittel gehe, werde das Thema von den Menschen besonders aufgenommen und sei manchmal ‚ethisch überladen'" [192]. Ob die Politik zukünftig die Rohstoffbörsen national, kontinental oder gar weltweit stärker kontrollieren wird, bleibt abzuwarten. Mit Sicherheit kann aber prognostiziert werden, dass Spekulanten, Rohstoffproduzenten sowie Großhändler von Rohstoffen auch in der Zukunft bemüht sein werden, dass sich die Kräfte von Angebot und Nachfrage frei und uneingeschränkt an den Rohstoffbörsen dieser Welt entfalten können.

Auf diese Interessengruppe haben auch Non-Profit-Organisationen nur begrenzt Einfluss. Neben dem Versuch einer Einwirkung auf die Staatsregierungen der jeweiligen Entwicklungsländer, setzen NPO Spendenmittel für Hungeropfer ein. Fundraising-Formen wie Anlass-/Aufwandsspenden, Internet-Spenden, Stiftungen sowie der Einsatz prominenter Menschen können der jeweiligen Organisation zu einer effizienten Einwerbung solcher Fördergelder verhelfen. Jedoch muss

---

26 Vgl. Abschnitt 1.3, insbesondere die Aussage von GEORGE SOROS
27 Vgl. Kapitel 2
28 Vgl. Abbildung 2.13
29 Vgl. DEUTSCHE WELTHUNGERHILFE E. V. 2011h: 24 [190]
30 Vgl. DEUTSCHER BUNDESTAG 2012 [189]
31 Vgl. Abschnitt 2.4.2 im zweiten Absatz

Zusammenfassung und Ausblick

sich sowohl die NPO als auch der Förderer regelmäßig und revolvierend fragen, welche Hilfeleistungen für wen, wann und in welcher Region wirklich sinnvoll erscheint. Es verspricht z. b. wenig Aussicht auf Erfolg, einer bestimmten Weltregion externe Hilfeleistungen zukommen zu lassen, während deren Regierung es zulässt, dass vor Ort produzierte Handelsware billigst in die Welt exportiert wird.

In Abbildung 2.23 (Freitext-Felder) ist klar zu erkennen, dass priorisierend die Bildungsarbeit vor Ort gefördert werden sollte, um Armut, Hunger und Mangel- bzw. Unterernährung entgegen zu wirken und zumindest eine wirtschaftlich gesunde Selbstversorgung zu gewährleisten. Dieser Ansicht ist auch die Weltbank in Washington D. C.:

> Bildung ist „zentrale Voraussetzung für wirtschaftliches Wachstum, Überwindung der Armut und gesellschaftliche Teilhabe." [195]

Betrachtet man aktuelle *Fakten und Zahlen* [194] über das *Bildungsniveau*, scheint die Aussage der Weltbank mehr als gerechtfertigt:

- 67 Mio. Kinder weltweit gehen im Grundschulalter nicht zur Schule
- Etwa 43 % dieser Kinder leben in Afrika; die höchsten Zahlen weisen Nigeria (8,6 Mio.), Pakistan (7,3 Mio.) und Indien (5,6 Mio.) auf
- 42 % (28 Mio.) der Kinder, die keine Schule besuchen, leben in Ländern mit Konfliktsituationen
- 1,9 Mio. neue Lehrer müssten neu eingestellt werden, um eine universelle Grundschulausbildung gewährleisten zu können. Mehr als 50 % davon fehlen alleine in Afrika
- In Südafrika brechen etwa 10 Mio. Kinder die Grundschule frühzeitig ab.

Dabei könnte eine Ausbeutung der ungebildeten, verarmten Bevölkerungsschicht reduziert werden, indem diesen Menschen eine konsequente Anleitung zur Selbsthilfe gegeben wird, denn:

1. Mit jedem zusätzlich absolvierten Schuljahr wächst das durchschnittliche Einkommen eines Menschen in armen Ländern um bis zu 10 %
2. Die Chance eines Kindes, die ersten fünf Lebensjahre zu überleben, ist doppelt so hoch, wenn seine Mutter lesen kann
3. Alleine in Südafrika hätten im Jahr 2011 etwa 1,8 Mio. Kinderleben gerettet werden können, wenn ihre Mütter eine Sekundarschulbildung gehabt hätten [194].

Für die Weltbank in Washington D. C. ist Bildung deshalb einer der Schlüssel für menschliche Entwicklung. Im Jahre 2011 legte die Weltbank in diesem Zusammenhang eine neue Bildungsstrategie vor, und zukünftig wird sie verstärkt in die frühkindliche Entwicklung investieren.

„Hier liegt nach wissenschaftlichen Erkenntnissen bisher eine der größten Schwachstellen in der bestehenden Bildungsförderung, denn Menschen, die bereits als Kleinkinder von Mangelversorgung und unzureichender Förderung betroffen sind, haben geringere Chancen auf die Entfaltung ihres Potenzials und letztlich auf einen qualifizierten Arbeitsplatz oder eine erfolgreiche Selbständigkeit." [195]

Fundraising gegen Hungerkrisen bedeutet demnach also, Förderbeträge zu generieren, um damit kurzfristig Nahrung für Hungernde kaufen zu können. Zum anderen bedeutet es mittelfristig, mit Hilfe eingeworbener Spendengelder die Entwicklung der Betroffenen in den jeweiligen Weltregionen zu fördern, um langfristig Stabilität bei der Selbstversorgung dieser Menschen zu erreichen.

Dabei ist die Einflussnahme auf die regierenden Stellen der betroffenen Länder von entscheidender Bedeutung, um Korruption und die Bereicherung Weniger zu reduzieren bzw. sogar gänzlich zu unterbinden.

Eine solch mehrdimensionale Sicht sollte im Rahmen aller Hilfsprojekte beachtet und umgesetzt werden. Nur so ist davon auszugehen, dass sich die Kluft zwischen Armen und Reichen nicht noch weiter vergrößert, und eine für den menschlichen Organismus notwendige Mindestversorgung ohne externe Unterstützung gewährleistet ist.

Literaturverzeichnis zu Kapitel 3

[192] Deutscher Bundestag (2012): Spekulation um Rohstoffe löst Besorgnis aus. Resource document. Deutscher Bundestag. http://www.bundestag.de/dokumente/textarchiv/2012/38114967_kw10_de_rohstoffe/index.html. Zugegriffen: 30.09.2012.
[193] Deutsche Welthungerhilfe e. V. (2011h): Welthunger-Index 2011. Hohe und volatile Nahrungsmittel-Preise verschärfen den Hunger (S. 21). Resource document. Deutsche Welthungerhilfe e. V. http://www.welthungerhilfe.de/fileadmin/media/pdf/WHI/WHI2011/20110921_WHI-2011_final.pdf. Zugegriffen: 30.09.2012.
[194] Global Campaign for Education (2012): Bildung: Fakten und Zahlen. Resource document. GCFE. http://www.bildungskampagne.org/informieren/bildungfakten-und-zahlen. Zugegriffen: 30.09.2012.
[195] Weltbank (2011): Jahresbericht der deutschen Exekutivdirektorin bei der Weltbank; Geschäftsjahr 2011. Resource document (S. 1). World Bank Group. http://siteresources.worldbank.org/INTEDS05/Resources/2012000614Dede_Assembled_Sept1_LowRes.pdf. Zugegriffen: 30.09.2012.

Neu im Programm Politikwissenschaft

Abou-Taam, Marwan / Esser, Jost / Foroutan, Naika (Hrsg.)
Zwischen Konfrontation und Dialog
Der Islam als politische Größe
2011. 178 S. Geb. EUR 49,95
ISBN 978-3-531-17279-8

Bangert, Kurt (Hrsg.)
Handbuch Spendenwesen
Bessere Organisation, Transparenz, Kontrolle, Wirtschaftlichkeit und Wirksamkeit von Spendenwerken
2011. 218 S. Br. EUR 29,95
ISBN 978-3-531-17448-8

Bukow, Sebastian / Seemann, Wenke (Hrsg.)
Die Große Koalition
Regierung – Politik – Parteien 2005-2009
2010. 391 S. Br. EUR 34,95
ISBN 978-3-531-16199-0

Decker, Frank
Regieren im „Parteienbundesstaat"
Zur Architektur der deutschen Politik
2011. 347 S. Br. EUR 29,95
ISBN 978-3-531-17681-9

Franke, Ulrich
Die Nato nach 1989
Das Rätsel ihres Fortbestandes
2010. 337 S. Br. EUR 49,95
ISBN 978-3-531-17773-1

Jahn, Egbert
Politische Streitfragen
2008. 216 S. Br. EUR 29,95
ISBN 978-3-531-15833-4

Jahn, Egbert
Politische Streitfragen
Deutsche Innen- und Außenpolitik - Band 2
2012. 194 S. Br. EUR 24,95
ISBN 978-3-531-18617-7

Jahn, Egbert
Politische Streitfragen
Internationale Politik - Band 3
2012. 260 S. Br. EUR 29,95
ISBN 978-3-531-18618-4

Erhältlich im Buchhandel oder beim Verlag.
Änderungen vorbehalten. Stand: Januar 2012.

Einfach bestellen:
SpringerDE-service@springer.com
tel +49 (0)6221 / 345 – 4301
springer-vs.de

The manufacturer's authorised representative in the EU is Springer Nature Customer Service Centre GmbH, Europaplatz 3, 69115 Heidelberg, Germany. If you have any concerns regarding our products, please contact ProductSafety@springernature.com

Printed and bound by CPI Group (UK) Ltd, Croydon, CR0 4YY
23/03/2026
02076360-0001